Georg Zappert

Über sogenannte Verbrüderungsbücher und Nekrologien im Mittelalter

DOGMA

Georg Zappert

Über sogenannte Verbrüderungsbücher und Nekrologien im Mittelalter

ISBN/EAN: 9783955802677

Auflage: 1

Erscheinungsjahr: 2013

Erscheinungsort: Bremen, Deutschland

ÜBER SOGENANNTE

VERBRÜDERUNGS-BÜCHER

UND

NEKROLOGIEN

IM MITTELALTER.

VON

Georg Dappert.

AUS DEN SITZUNGSBERICHTEN DER KAIS. AKADEMIE DER WISSENSCHAFTEN
BESONDERS ABGEDRUCKT.

WIEN.

AUS DER K. K. HOF- UND STAATSDRUCKEREI.

MDCCCLIII.

Die Bekenner Christi kamen einander in jeglicher Bedrängniss mit That und Gebet zu Hilfe. Man betete für den von Herodes eingekerkerten Apostel Petrus (Act. 12 v. 5), Paulus gedenket der Glieder der römischen Gemeinde in seinem Gebete (Ep. ad Rom. 1. v. 9 und 10. cnf. ad Ephes. 1. v. 16 etc.) und bittet, dass auch sie ihm gleichen Dienst erweisen mögen (Ep. ad Rom, 15. v. 30 cnf. ad Cor. II. 1. v. 11 etc.)

Aber die Gläubigen beschränkten ihre gebetthätige Förderung nicht einzig auf die im Zeitlichen Wandelnden, sondern sie dehnten ihre Theilnahme auch auf Verstorbene aus, und die Zurückgebliebenen beteten für das Seelenheil ihrer ins Jenseits geschiedenen Glaubensbrüder. (Schad. Ildeph. De praxi Ecclesiae primitivae orandi et offerandi pro defunctis. Mogunt. 1781.)

Dieser Liebesdienst den wir von christlichen Gemeinden geübt sehen, musste um so eifrigere Leistung in klösterlichen finden, als sich diese ganz besonders auf die Pflege des Gebetes gewiesen sahen. Den Gliedern einer solchen monastischen Gemeinde jedoch genügte es nicht gegenseitig für einander zu beten, sondern sie suchten dieser Fürbitte durch Vergesellschaftung verstärkte Wirkung zu verleihen. Kloster trat zu Kloster, und ihre weltabgeschlossenen Insassen reichten über die Mauer ihrer engen Umfriedung zu Schutz und Hilfe in jeder geistigen Noth [1]), zum Gebete im und nach dem Leben, einander verbrüdernd die Hand.

Fragen wir nach der Geburtsstätte dieser Verbrüderungen (fraternitas, auch confraternitas genannt s. Du Cange gloss. s. h. v.), so müssen wir bedauernd gestehen, dass das Unterlassen oder in Verlustgerathen glaubwürdiger Aufzeichnungen in der Zeit des

---

[1]) Obsecramus — ut nos indignos nobiscum in unitate fraternae dilectionis et societatis spiritualis suscipere — dignemini ut sermo Domini currat et clarificetur, ut iuxta dictum apostoli liberemur ab importunis et malignis hominibus, et a tentationibus malignorum spirituum, et tribulationibus ad versariorum. S. Bonifac. Brief (752) an d. Abt Optatus. Op. 1, 192. edt. Lond. 1844

Entstehens dieser Vergesellschaftungen uns eine zweifellose Beant-
wortung dieser Frage nicht ermöglichen. So weit unsere dermaligen
geschichtlichen Quellen reichen, dürfte jenes Land in welchem das
germanische Institut der Schutzgilde am frühesten zur Ausbildung
gelangte ²), dürfte England auf das Recht als Heimat der geistlichen
Verbrüderungen gelten zu können, gegründete Ansprüche zu machen
haben. Vielleicht hat auch der bei Angelsachsen wie Iren besonders
kräftige Glaube an ein letztes Gericht ³), unterstützt durch eine
überaus lebhafte Ausmalung der Höllenpeinen, mit dazu beigetragen,
eifriger als anderswo des Gebetes für Verstorbene Sorge, und in
Folge dessen den Verbrüderungen Rechnung zu tragen.

Klöster von einem und demselben Gründer ins Leben gerufen,
oder solche die das Band gleichen Abstammes umschlang, solche
Klöster dürften am frühesten dieses Band zu einem der Verbrüderung geknüpft haben ⁴).

Concilien boten gleichfalls den dort versammelten Bischöfen
und Äbten anmuthende Veranlassung gelegentlich ihres Beisammen-
seins ähnliche Bündnisse zu schliessen ⁵).

---

²) Jakob Grimm D. R. Altert. 291 seq. Eichhorn, Deutsch. St. und Rechtsgescht.
§. 18 seq. Phillips Angels. Recht. p. 99; dessen deutsch. Gescht. 1, 86 ff. p.
131. Kemble The Sax. in Engl. 1, 238 seq. Die frühesten Belege für geistliche Verbrüderung bieten V. Beda und S. Bonifacius, s. A und Anmerk. 1.
cnf. Anmerk. 27 und 29.

³) Vielleicht schon durch ihre vorchristliche Religionsanschauung vorbereitet, findet er seinen Ausdruck in den Eingangsformeln angelsächsischer Donations-
Urkunden, z. B. K. Eadbalds (618) Kemble Cod. Diplom. 1, p. 8. K. Aethilred
(691) ibid. p. 35, p. 36. K. Ini (701) p. 55. K. Coenraed (709) p. 69. K. Aethel-
bald (716) p. 76. K. Cuthraed (745) p. 113. K. Sigiraed (759—765) p. 140.

⁴) König Egfrid gründete die Klöster Weremouth und Jarrow: immo etiam jussu
praefati Egfridi regis, monasterium beati Apostoli Pauli construxit, ea dun-
taxat ratione, ut una utriusque loci pax et concordia, eadem perpetua
familiaritas conservaretur et gratia — nullus haec monasteria primorum
Apostolorum fraterno societate conjuncto, aliquo ab invicem tentaret
disturbare conatu. V. Beda († 753), Vit. Abb. op. 4, 370, edt. Lond.
Als Bernhard Bischof zu Paderborn das Cistercienser-Kloster Harthausen
stiftete (1155), wurde gleich am Schlusse der Stiftungs-Urkunde festgesetzt
„quod communicato consilio Canonicorum utriusque congregationis societas et fraternitas cum fratribus in Hersuithehusen eodem loco et tempore
hoc modo mutuo firmata est etc." Schaten Annal. Paderb. p. 805. 114, an 1177.

⁵) Die im Concilium zu Dingolfing (772) versammelten Bischöfe und Äbte ver-

Wir führen nun, um das Auffinden der in der Folge nöthig werdenden Rückweisungen auf Verbrüderungsschlüsse möglichst zu erleichtern, den grössten Theil der uns bekannt gewordenen in chronologischer Reihenfolge vor.

A. Diligenter quoque deprecamur, ut familiaritas Fraternae Charitatis inter nos sit, et pro viventibus oratio communis, et pro migrantibus de hoc saeculo orationes et missarum solemnia celebrentur, cum alternatim nomina defunctorum inter nos mittentur. (S. Bonifac. Brief (752) an d. Abt Optatus. op. 1, 193. edt. Lond. 1844.)

B. Die Mönche von St. Remigius in Rheims verbrüdern sich (anno 838) mit denen von St. Denis und verpflichten sich nicht blos für die hingeschiedenen Brüder sondern auch für die Erkrankten zu beten. Et vt nomina Defunctorum inter nomina nostrorum Defunctorum inserantur, vt sicut pro nostris, ita etiam pro illis quotidie Domino sacrificium offeratur. D'Achery Spicl. 4. 230. edt. 1ᵐᵃ.

C. Im Jahre 863 traten 200 Mönche im Kloster Fulda, wahrscheinlich darunter auch Mönche aus nahe gelegenen anderen Klöstern, mit dem Abte an der Spitze zu einer Vergesellschaftung zusammen, deren Mitglieder sich verpflichteten bei Erkrankung oder Hintritt eines der Glieder ihrer Verbindung für dessen Genesung oder Seelenruhe zu beten. Si aliquis eorum languore correptus infirmetur. Ceteri qui potentes sint viribus si in uicinitate sunt positi uisitent eum et solatia preheant etc.. (Dronke Cod. Trad. Fuld. p. 161 seq.) Ein solcher mit Zeugen befestigter Verbrüderungsschluss (c. S. XI. m) worin Laien mit ihren Ehefrauen erscheinen, ist auch das von Leuthner (Hist. Wessofont 2, p. 44) unter dem Titel „Diptychon" veröffentliche Instrument. Das dort p. 47 mitgetheilte Verzeichniss dürfte gleichfalls hieher zu ziehen sein.

D. Ut quandocunque de uno istorum Monasterio ad aliud Defunctorum nomina pervenerint Fratrum etc. Verbrüderung zwischen St. Gallen und Kl. Reichenau (885) Zapf Mon. 1. p. 446. 885 zwischen St. Gallen u. Kl. Murbach. Goldast. R. Ale. Scr. 2. 152. cl. 1. enf. Neugart. Cod. Alem. 1. 458. 359.

E. Verbrüderung zwischen dem Kloster St. Bertin und St. Amande (889). Statuimus communi consensu, ut, excepto debito orationum pro omnibus Christianis, per singulos annos, in quadragesima, omni ebdomada, feria IV., illi pro nos, nosque pro illis, decantemus psalmos L, et missam specialem cum omnium oblatione. Guérard Chart. d. l. Franc. 3. p. 132.

---

nen Gegenwärtigen 100 Messen zu lesen, eben so viele Psalmen zu beten etc. Hartzheim Concil. Germ. 1, 130. cl. 2. In der Synode zu Dortmund (1005) wurde ein der Verbrüderung ähnlicher Bund zwischen K. Heinrich, der Kaiserinn und mehreren Erzbischöfen und Bischöfen geschlossen, worin diese sich verpflichteten, beim Abscheiden eines der Genannten durch 30 Tage für ihn zu beten etc. Thietm. († 1018) Chron. ap. P. M. Germ. 5. 810. l. 11. Vergl. Anmk. 7 (Ann. 794).

F. Verbrüderung zwischen Kl. Flavigny und dem Kl. St. Martin in Autun (894). Verpflichten sich den 7. und 30. Tag nach Hintritt eines Mitgliedes und am ersten Tage eines jeden Monates, für alle Verstorbenen zu feiern. Du Cange Glos. 3. 402. cl. 2.

G. Eine Verbrüderung zwischen Bischöfen (ungenannt) und Priestern, die sich verpflichten, nach dem Tode eines der Mitglieder 40 Messen zu lesen, soll zu Rom 984 (oder 985) geschlossen worden sein. Baron. Annal. 16. 272 edt. Luc.

H. Verbrüderung zwischen Marmoutier und dem Kathedral-Capitel zu Chartres. Mit Zeugenunterfertigung (1056). Mabill. Annal. O. S. B. 4. 565.

I. Verbrüderungs-Schluss zwischen dem Bischofe sammt Capitel von Orleans und dem Abte und Mönchen von Cluny (ant. 1063). Die Mönche hatten ihn um seine Fraternität ersucht. Für Kanoniker soll dieselbe Jahrtagsfeier wie für Mönche, für den Bischof und seine Nachfolger aber wie für ihre Äbte begangen werden,

Nostrum vero a n n i v e r s a r i u m , hoc est Episcopi, tanquam Abbatis sui facerent, et successorum meorum q u o t a n n i s . D'Achery Spicil. 6. 453. Zur Zeit Wilhelm des Eroberers († 1087) verbrüderten sich sieben englische Klöster „quasi cor unum et anima una" zu geistlichen Zwecken. Hickes. Thes. Dissert. epist. 2. p. 19.

K. Verbrüderung zwischen Cluny und Kl. St. Blasii im Schwarzwald (1086 —1108). (Abt Utto v. St. Blasii führte das Cluniacenser Herkommen bei seinen Mönchen ein.) Gerbert Hist. Nigr. Silv. 3. p. 26.

Im Kloster Seauve-Majour war für jedes der 52 Klöster, mit denen es in Fraternität stand, ein besonderer Monatstag für die allgemeine Commemoration der dort Verstorbenen bestimmt. Canonicorum sancti Aemiliani missa plena et vigilia, 26 Januarii. Fratrum Casae-Dei, missa plena et vigilia, et tricenarium plenum, singulis diebus praebenda panis et vini, cum reliquis cibis. 3. Februarii. etc. Martene Thes. 1. 257. e. seq.

L. Verbrüderung zwischen Kl. St. Nicolaus und den Kanonikern von St. Laude (im Anjou) mit Zeugenunterfertigung (c. 1095) D'Achery Spiel. 11. 311.

M. In der mit Zeugenunterfertigung versehenen Verbrüderungs-Urkunde zwischen dem Kathedral-Capitel zu Tours und den Mönchen von Marmoutier (1120), verbinden sich erstere alljährlich für die hingeschiedenen Klosterbrüder ein Anniversar zu feiern, die Mönche hingegen verpflichten sich jedes Jahr ein d r e i s s i g t ä g i g e s Anniversar für die verstorbenen Domherren zu feiern, denn diese, bemerken die Mönche, wären nicht so zahlreich, noch so ununterbrochen an der Kirche als sie (die Mönche). Mabill. Annal. O. S. Bened. 6. 640. cl. 2.

N. Verbrüderung zwischen Cluny unter Peter Venerabl. († 1157) und Chartreuse. Mabill. Analect. p. 159. cl. 2. edt. in fol.

O. Verbrüderung (1180) zwischen Kl. St. Vincent und St. Martin in Laon. Mit Zeugenunterfertigung. (Hugo Annal. Ord. Praemonstr. 1. app. cl 47.) Verbrüderung zwischen St. Germain d. Prez und Abtei Fescan (1116). (Bouillart, Hist. d. St. Germain. App. p. XXXV.) Verbrüderung z. Kl. Michaelsberg in Bamberg und Kl. Melk c. an 1177—1203. (Keiblinger Gescht. von Melk 1. 1136.) Das Kathredal-Capitel von Tours sendet (1219) dem vom Mainz als Muster nach welchem dieses den Fraternitätspact abfassen möge, eine bereits mit einem anderen Kathedral-Capitel abgeschlossene Fraternität. Guden. Cod. Diplom 1. 468. Verbrüderungen zwischen dem Kathedral-Capitel von Mainz mit dem von Tours (1219). ibd. 1. 467. 476. Zwischen d. Domcapt. z. Hildesheim u. dem z. Speier 1221 (Remling Urkundb. Speier 1. p. 162).

P. Verbrüderung zwischen Clairvaux und dem Dom-Capitel zu Mainz (1223). Guden. Cod. Diplom. 1. 485.

Q. Verbrüderung zwischen Kl. Prémontré und Nogent (1240). Mit Zeugenunterfertigung. Hugo Annal. O. Praemonst. 1. app. cl. 31.

R. Frater G. dictus. Abbas Cistercii, totusque conuentus Abbatum capituli generalis viris venerabilibus discretis, praeposito et capitulo in Salseborch salutem et orationum suffragium salutare. Exigente pie devotionis affectu quo ordinem nostrum inspirante vobis domino sincere in Christo diligitis, et fouetis petitioni uestre que per venerabilem coabbatem nostrum Raitenhasela nobis proposita fuit, benigno duximus occurrendum assensu. Concedimus igitur uobis bonorum omnium que fiunt tam in missis quam in orationibus, et ceteris bonis operibus, et de cetero facienda sunt in toto ordine nostro, participationem plenariam in vita vestra pariter et in morte. Ita quod cum obitus uester generali capitulo fuerit nunciatus, tantum fiet pro vnoquoque vestrum per ordinem universum, quantum pro unoquoque nostrum fieri consueuit. Datum Cistercii anno gratie M° CC° XX°VIII° tempore capituli generalis.

(Original-Urkunde mit Siegel im K. K. H. H. und St. Archiv.)

Das Cisterz. Kl. Zwetl war mit dem Salzburger Dom-Capitel verbrüdert (c. 1243). Frast, Stift. Buch von Zwetl. p. 118.

S. Der Prediger Orden nimmt das Chorherrnstift von Seckau in Verbrüderung auf (anno 1270). Diplom. Sacr. Ducat. Styr. 1. 234.

T. Verbrüderung zwischen Kl. St. Peter in Salzburg und Kl. Milstadt (1270) Chron. Nov. St. Petri. p. 297. cl. 1.

U. „ut omnis gratia et consolatio, quae uni nostrum v i v o aut d e f u n c t o fieri consueuit". Verbr. zwischen Kloster St. Emmeram in Regensburg und Kloster Rot (1275). Pez. Thes. Anecdt. 6. P. 2. 122. cl. 1.

apud nos memoria habeatur maiorum p u l s a t i o n e c a m p a n a r u m v i g i l i a r u m q u e celebrationibus et M i s s a r u m, unius Domini p r a e p e n d a pro defuncti anima data p a u p e r i b u s illo die. Verbr. zwischen Kl. Hirsau und St. Emmeram in Regensburg (1280). Pez. Thes. Anecdt. 6 P. 2. 123. cl. 2.

Praeterea volumus ut die qua praecipimus, ad anniversarium pro nostris fratribus fieri annuatim, videlicet XII Kalendas Decembris, n o m e n v e s t r i M o n a s t e r i i inscribatur, nec non et p e r s o n a r u m, ut indelebili memoria-

vestrorum in ipso anniversario perpetuo habeatur. Verbrüderung (1281) zwischen Cisterc. Abt. Grand-Selve und Kl. Condome. D'Achery Spicil. 13. 501.

V. Religiosis et deuotis Christi ancillis Abbatisse ac conuentui sanctimonialium Sancti Benedicti confessoris in Gosse. Frater Johannes fratrum ordinis predicatorum seruus inutilis. salutem cum augmento continuo celestium gratiarum. Quia sancti propositi desiderium ex humane infirmitatis condicione a suo salutari sepius retardatur affectu nisi diuinis suffragiis optentis. supplicatione fidelium adiuuetur vestre fidei sinceritas fratrum nostrorum quos dei credit domesticos et amicos adhiberi sibi auxilia postulauit, Ideoque uestra deuotione quam ad nostram habetis ordinem debita meditatione pensata uobis et ceteris que se uestro duxerint consorcio in posterum aggregandas, omnium Missarum, orationum, p r e d i c a t i o n u m jejuniorum, abstinentiarum, vigiliarum laborum ceterorumque bonorum que per fratres ordinis nostri dominus per mundum fieri dederit vniuersum participationem concedo tenore presentium. specialem volo insuper ut post decessum vestrum anime vestre, fratrum tocius ordinis orationibus recomendentur, in nostro Capitulo generali si vestri obitus, ibidem fuerint nunciati, et iniungantur pro ipsis misse et orationes sicut pro fratribus nostris defunctis fieri consueuit. In cuius concessionis testimonium sigillum nostrum duxi presentibus apponendum. Dat. Wienne in nostre Capitulo generali. Anno domini M° CC° lxxxii° in festo pentecostes.

(Original-Urkunde im K. K. H. H. und St. Archiv. Siegel abgerissen.)

Verbrüderung zwischen der Probst. St. Pölten und Passau (1284). Maderna Hist. St. Hyppolit. 1. 156. Verbrüderung zwischen Kl. St. Emmeram und Kl. Elwangen (1286). Pez. Thes. 6. P. 2. 124. cl. 2. 125. cl. 1.

W. In nomine domine amen. Quoniam ut ait apostolus omnis stabimus ante tribunal iudicis recepturi provt in corpore gessimus siue bonum fuerit siue malum, oportet nos diem messionis extreme misericordie operibus preuenire ac eternorum intuitu seminare in terris quod reddente domino cum multiplicato fructu recolligere valeamus in celis, firmam spem fiduciamque tenentes quoniam qui parce seminat parce et metet, et qui seminat in benedictionibus et metet vitam eternam hinc est igitur quod nos hainricus dei predestinacione abbas, totusque conuentus Monasterii Sewensis, notum esse volumus vniuersis tam presentibus quam futuris presencium noticiam habituris quod nos pari consilio inter nos omnis liuoris scismate excluso diligencius

habito et vnanimi consensu et voluntate coadunati, vninersos in perpetuum pastores et rectores in Milstat, totusque Conuentus qui super
est ibidem et qui in perpetuum acreverit consorcium et fraternitatem
tam in prebenda quam vtique in omnibus aliis habere volumus, ipsos
vtpote fratres nostros in Christo dilectos karitatem diligendo, quoniam ab vno fundadatore nostra monasteria sunt fundata, ita, vt
omnium nostrarum orationum qualitercumque in monasterio nostro
in perpetuum ad laudem et gloriam summi effuse fuerint plasmatoris
participes esse debeant et missarum hoc vtique adiecto si abbas pre-
libati Monasterii in Milstat aut aliquis fratrum de hoc medio secesserit
spiritum exalando extunc nobis scrutinio seu legacionibus, aut alio
quocumque modo requisitis sibi illico queque remedia confratri nostro
ex iure exhibenda exhibemus vna cum tricenario sibi sollepniter
celebraturo nullo articulo prepediente Ceterum si sepedictum Monasterium in Milstat aliquo periculo aut penuria annone seu alio quolibet
defectu obpressum fuerit quod absit quicumque ipsius cenobii confratres se aput nos recipere cogitauerint hos veluti confratres nostros
in christo dilectos in quantum nobis facultas suppetit reseruabimus
nobis diligencius et dulce dulcius recommissos. Ne vero id quod a
nobis rite et salubriter factum est vt in preambulis est expressum
vmquam in ambiguitatis scrupulum labi possit litteram istam tam
sigillo nostro quam conuentus nostri municione iussimus roborare.
Acta sunt hec anno ab incarnacione domini MCCLXXXVIII. die sancti
Georii martyris.

(Original-Urkunde im K. K. H. H. und Staats-Archiv mit 2 Siegeln.)

Verbrüderung zwischen Kl. Fulda und St. Emmeram in Regensburg (1289).
Pez. Thes. 6. P. 2. 125. cl. 2.

Cum obitus alicuius vestrum seu successorum vestrorum nostro innotuerit capitulo tantum pro vobis fiet, quantum pro uno ex nostris fieri
consueuit in psalmis, orationibus et in missis. Verbrüderung des St. Adel-
bertsstift mit der Abtei Steinfeld anno 1289. (Quix Gescht. d. Stadt Achen 2.
160. nr. 233.) Verbrüderung zwischen St. Emmeram und Kl. Ahausen 1295. (Pez
Thes. 6. P. 2. 126.) St. Pölten und dem Chorherrnstift St. Nicolaus zu Passau
(1297). Maderna Hist. St. Hypol. 1. 162. Verbrüderung zwischen St. Pölten
und Kloster St. Florian (1297). ibd. 1. 160. Verbrüderung zwischen Kl. St.
Peter in Salzburg und Bend. Kloster Ossiach in Kärnten. (Chron. Nov. St. Peter
Salisb. p. 309. cl. 2.)

Verbrüderung zwischen Kl. St. Peter in Salzburg und dem regul. Chorh.
zu St. Nicolaus in Passau 1298. (Chron. Nov. St. Petri. p. 307. cl. 2.) Verbrüderungen zwischen Kl. Mosach und Kl. Milstadt (1301. 14. Aug. Original-Urkunde

im K. K. H. H. und St. Archiv.) Verbr. der Probstei St. Pölten mit der Probstei zu Seckau (1302). Maderna. Hist. St. Hypol. 1. 163. Verbrüderung zwischen Seckau und Kloster Vorau (1302). Diplom. Sacr. Ducat. Styr. 1. 256. Zwischen Seckau und Kl. St. Florian (1302). ibd. p. 257. Kl. St. Paul im Lavantthal mi Seckau (1305). Diplom. Sacr. Duc. Styr. 1. 257. Verbrüderung zwischen St. Peter in Salzburg mit St. Paul in Kärnten und Michelbeiern, und St. Lambert in Seckau. (1305—1308. Chron. Nov. S. Petr. Salisburg. p. 311.)

Für die verbrüderten hingegangenen Priester wurde beim Eintreffen der Todeskunde des Abends eine Vigilie und Tags darauf eine Messe gelesen etc. und dann am nächsten Freitag nach Allerheiligen für alle Verstorbene und Lebende etc. eine Messe. etc. gelesen. Verbrüd. zwischen Propst. St. Pölten und Kl. Melk (1305. Hueber Austr. ex Archiv. Mellicens. 1. 34.)

Verbrüderung zwischen dem Bened. Kl. St. Peter in Salzburg und dem Cist. Kl. in Raitenhaslach (1317). Chron. Nov. St. Peter, p. 315. cl. 2.

X. Viris honorabilibus in Christo dilectis Dominis. — Preposito, Decano, ceterisque omnibus Canonicis Ecclesie Neunburgensis, frater Alexander Prior generalis, ordinis herimitarum Sancti Augustini, Salutem et augmentum celestium graciarum. Gloriosus Deus ut in suis clarius eluceret dileccionis mutue, que sola celestis vite representat ymaginem, ipsos voluit insingnijs enitere, quo alter alterius honera portando. Lex ejus immaculata convertens animas fideliter observatur, et currentes in stadio ad superne glorie bravium feliciter disponuntur. Ipsa igitur Karitas, que Deus est, vos atque vestram nostre religioni prout Fratrum nostrorum relacione didicimus, tam pie liberaliterque communicans apud nos debita recognicione pensanda, vestre devocioni donis Spiritualibus nos cogit occurrere, ut siquid ejus perfeccioni deesse timet, plurium suffragiis suppleatur. Proinde vos omnes et singulos tam presentes quam futuros ad confraternitatem nostram recipimus in morte pariter et in vita tenore presencium, et participes esse volumus omnium Missarum, oracionum, predicacionum, jejuniorum, vigiliarum, laborum ceterorumque bonorum, que per fratres nostros in universo mundo effecerit clemencia Salvatoris, in instanti nostro capitulo fideliter statuentes, ut cum obitus alicujus vestrum nostris Capitulis innotuerit, recommendaciones cum suffragiis pro illo, vel illis fiant, que pro nostris sunt confratribus institute. In cujus concessionis testimonium et robur, sigillum confraternitatis nostri ordinis presentibus duximus apponenda. Datum Arymini in nostro generali Capitulo ibidem celebrato Anno Domini Millesimo trecentesimo decimo octavo in Festo Pentecostes.

(Diese wie alle hier zum ersten Male veröffentlichten das regul. Chorherrnstift Klosterneuburg betreffenden Urkunden sind nach Abschriften im Stifte befindlicher Documente abgedruckt, welche Copien der hochw. ehemalige Archivar des löbl. Stiftes H. Engelbert Stoy (†. 27. Jänner 1843) mit Genehmigung des hochw. H. Prälaten nebst noch 47 anderen Urkunden-Copien mir zu überlassen die Güte hatte.)

Y. Magnae Laudis et immensæ devotionis Viris Dominis Stephano Præposito ac universo suo Collegio Ecclesiæ Neuburgensis. Frater Carolus de Treueris Magister generalis hospitalis Sanctæ Mariæ Theutonicorum. Salutem in eo qui est omnium vera Salus cum promptitudine complacendi. Vestræ sinceritatis ac favoris merita nos invitant, ut vestris honoribus et utilitatibus ac animarum vestrarum commodis tanto studiosius intendamus quanto vestra devotio hoc exigit et persuadent beneficia exhibita et impensa. Hinc est quod attendentes vestræ sincere devotionis et dilectionis affectum quem vos ac antecessores vestri ad nostrum ordinem ut accepimus, geritis et gessistis et geretis in antea ut speramus, vobis et vestro Sacro Collegio ac antcessoribus vestris omnium Missarum, orationum, jejuniorum, abstinentiarum, Vigiliarum, disciplinarum s a n g u i n i s effusion e m contra inimicos crucis Christi Elemosynarum largitionum, cæterorumque bonorum, quæ per fratres totius ordinis nostri Dominus fieri permiserit, participacionem Communionem et confraternitatem tenore præsentium concedimus generalem in vita pariter et in morte, in cujus concessionis evidentiam præsentem literam sigilli nostri appensione fecimus communiri. Datum Frankenfort tempore nostri Capituli generalis. Anno Domini MCCCXIX in die Exaltationis St. Crucis.

Verbrüderung zwischen Bened. Kl. St. Peter in Salzburg mit dem Ben. Kl. Admont (1319). ibid. p. 316. cl. 2.

Verbrüderung zwischen Kl. St. Paul in Lavantthale und dem Kl. Milstadt 18. Jan. 1319. Original-Urkunde im K. K. H. H. und St. Archiv: Verbr. z. Kl. Rein und Probstei v. Seckau. 1319. (Dipl. Sacr. Styr. p. 269). Verb. zu Probst. zu St. Pölten und dem Cistercienser Kloster Paumgartenberg 1324. (Maderna Hist. St. Hypp. 1. 162.)

Commemorationem vero omnium v i v o r u m fratrum vestri monasterii proxima feria secunda post Nicolai; d e f u n c t o r u m autem proxima secunda feria post Invocavit officiis debitis volumus in nostra ecclesia celebrari. Verbrüderung (1320) zwischen Bened. Kl. Marienberg und regl. Chorh. zu Griess nächst Botzen. Eichorn Episc. Curiens. app. p. 108.

Z. Venerabilibus in Christo viris, Dominis et Confratribus suis Karissimis, Dominis Stephano Preposito, Heinrico Decano, totique

Capitulo Ecclesie Newenburgensis, ordinis Sancti Augusti *), pataviensis dyocesis, Chunradus Dei gracia Prepositus, Otto Decanus, totumque Capitulum Ecclesie Berchersgadinensis, ordinis predicti, Saltzburgensis dyocesis, cum devotis oracionibus, Salutem et fraternam in Domino Karitatem, ut amicicie, familiaritates et gracie inter nos mutuo longis retroactis temporibus habite et contracte virtuosis operibus solidentur, et in lucem melius deducantur, ut eciam multiplicatis intercessoribus venia facilius impetretur, vos universos et singulos, tam presentes, quam vobis imposterum succedentes in nostram confraternitatem libenter et liberaliter iuxta vestre peticionis affectum recipimus facientes vos omnium bonorum, que per nos et Successores nostros in Ecclesia nostra adjuvante Deo, qui est bonorum omnium donator et auctor fiunt et fieri poterunt, participes et consortes, preterea cum alicuius Canonicorum vestrorum nobis nunciatus fuerit obitus, illius celebrabimus exequias, quemadmodum aput nos et pro nostris fieri est consuetum, dantes vobis in testimonium premisse confraternitatis has nostras litteras nostrorum sigillorum munime roboratas, datum in Berchersgaden Anno Domini Millesimo Trecentesimo vicesimo, Sexta feria post Invencionem Sancte crucis proxima.

AA. Venerabilibus in Christo Viris, Dominis Suis charissimis Alberto Præposito, Wolfgango Decano, Totique Capitulo Ecclesiæ Pataviensis, Stephanus miseratione divina Præpositus, Nicolaus Decanus, totusque conventus Monasterii Neuburgensis, ordinis St. Augustini Canonicorum Regularium, pataviensis dioecesis cum orationibus suis devotis fraternam et indissolubilem in Domino charitatem.

Vt amiciitæ Familiaritates et gratiæ inter nos mutuo longis retroactis temporibus habitæ et contractæ virtuosis operibus solidentur, et in lucem melius deducantur, ut etiam multiplicatis intercessoribus venia facilius impetretur, vos universos et singulos tam presentes, quam nos in posterum Succedentes in nostram confraternitatem libenter, liberaliter, et devote recipimus, facientes vos tam in vita quam in morte et in perpetuum omnium Missarum, orationum, abstinentiarum, vigiliarum, et aliorum bonorum, quæ per nos et successores nostros in Monasterio nostro, Deo cooperante, qui est bonorum omnium donator et auctor fiunt, et fieri poterunt, participes, et consortes. Adiecto, quod vobis et Successoribus vestris in perpetuum,

*) *l. Augustini.*

quotiescunque Monasterium nostrum accesseritis, aut moram circa illud feceritis a die adventus vestri ad octo dies continuos præbendam uni Canonicorum nostrorum debitam, in pane et aliis quæ de coquina uni ex nobis dari consueverunt, vobis et cuilibet vestrum administrabimus integre cum affectu. Præbendam vero vini in tanta mensura, quantam uni ex nobis de communi præbensali vini dari consuevit, vobis de cellario Domini Præpositi, qui pro tempore fuerit, etiam de illo vino, quod ad scultellam suam porrigitur, volumus ministrare. Præterea cum alicujus Canonicorum vestrorum nobis nuntiatus fuerit obitus, illius celebrabimus exsequias, quemadmodum apud nos et pro nostris fieri, est consuetum, et ut præmissa omnia perpetuo rata maneat, et inconvulsa, damus vobis in testimonium præmissorum, has literas nostras nostrorum sigillorum munimine roboratas. Actum et datum Neuburgii anno Domini Millesimo Tricentesimo, Vigesimo primo. In die St. Luciæ Virginis.

Verbr. zw. Kl. Fulda mit Dom-Capitel zu Aschaffenburg (1321). Guden. Cod. Diplom. 3. p. 193. Verbrüderung des Kl. Ossiach mit Kl. Milstadt 13. Jänner 1323 (Original-Urkunde im K. K. H. H. und St. Archiv.) Verbrüderung zwischen Propst. St. Pölten und Dom-Capitel zu Salzburg 1326. (Maderna Hist. St. Hypolit. 1. 157.) Verbrüderung des Nonnen-Klosters Selingenporten mit dem Benedictiner Kloster Castel (anno 1326). Hinc est quod ex affectu sincero, quem dudum ad vestrum habuimus Monasterium et adhuc sincerius habeamus, omnium bonorum Missarum (etc.) que a duabus sororibus conventus nostri una pro v i v i s, altero pro d e f u n c t i s singulis diebus dicuntur etc. (Mon. Boic. 24. 368. cnf. p. 369. 361.) Propst. St. Pölten mit dem Chorherrnstift Vorau (1328). Maderna Hist. St. Hypol. 1. 165.

BB. Frater Guillelmus Prior generalis fratrum heremitarum ordinis Sancti Augustini licet indignus Reverendis et Religiosis viris ac in Christo sibi dilectis Domino Nicolao decano ceterisque Dominis ac Canonicis Ecclesie Newenburgensis Salutem in Domino Sempiternam. Quia Sancti propositi desiderium ex humane infirmitatis condicione a suo salutari sepius retardatur effectu, nisi divinis Suffragijs optentis Supplicacione fidelium adjuvetur, vestre fidei sinceritas fratrum nostrorum, quos Dei credit domesticos et amicos adhiberi sibi auxilia postulavit. Ideoque vestram devocionem, quam ad nostrum ordinem habetis debita meditacione pensata vobis omnium Missarum, oracionum; jejuniorum, predicacionum, vigilarum, abstinenciarum laborum, ceterorumque bonorum, que per fratres nostri ordini Dominus per ordinem fieri dederit. universum participacionem concedimus tenore presencium specialem. Volumus insuper ut post decessum vestrum anima cujuslibet vestrum fratrum nostrorum tocius ordinis nominibus in nostro generali capitulo recommendetur, cum vester ibidem obitus fuerit nunciatus, et injungantur pro ipsis misse, et oraciones sicut pro nostris fratribus defunctis in communi fieri consuevit. In cujus concessionis testimonium sigillum nostre Confraternitatis presentibus duximus apponendum. Datum Veneciis in nostro generali Capitulo, anno Domini Millesimo trecentesimo trigesimo secundo Mensis Junij die decimo quarto.

CC. Albertus Dei gracia Prepositus. Wolfgankus Decanus, Totumque Capitulum Ecclesie pataviensis, Venerabilibus in Christo viris karissimis, Stephano Preposito, Nycolao Decano, totique Conventui Monasterii Neunburgensis, fraternam et indissolubilem in Domino karitatem, Vt amicicie familiaritates, et gracie inter nos mutuo longis retroactis temporibus habite et contracte virtuosis operibus solidentur, et in lucem melius deducantur, ut eciam multiplicatis intercessoribus venia facilius impetretur, vos universos et singulos tam presentes, quam vobis imposterum succedentes in nostram confraternitatem libenter et liberaliter juxta vestre peticionis affectum recepimus, facientes vos tam in vita quam in morte et imperpetuum omnium bonorum, que per nos et Successores nostros in Ecclesia nostra adjuvante Deo, qui est bonorum omnium donator et auctor fiunt, et fieri poterunt participes, et consortes, adiecto quod vobis et Successoribus vestris imperpetuum, quocienscunque Ecclesiam nostram accesseritis, aut moram circa illam feceritis, a die adventus vestri per octo dies prebendam Canonicorum pataviensium in vino et pane debitam, vobis et cuilibet vestrum administrabimus, cum effectu. preterea cum alicuius Canonicorum vestrorum nobis nunciatus fuerit obitus illius celebrabimus exequias, quemadmodum aput nos et pro nostris fieri est consuetum. Et ut premissa omnia perpetuo rata maneant et inconvulsa, damus vobis in testimonium premissorum has nostras literas Sigilli nostri Capituli munimine roboratas. Datum patavii Anno Domini Millesimo Trecentesimo Vicesimo Septimo, decimo kalendas Decembris.

DD. Verbrüderung zwischen St. Pölten und dem Chorherrnstift Herzogenburg (1337) Maderna. 1. 161. Verbrüderung zwischen Bened. Kl. St. Peter 1337 in Salzburg und Bened. Kl. Mondsee (Chron. Nov. St. Peter p. 316.) Praeterea singulis annis post ascensionem Domini proxime vacante feria

g e n e r a l i t e r pro omnibus vestri Monasterii defunctis Fratribus apud nos s p e-
c i a l i s c o m m o r a t i o fiat, talis videlicet, ut pulsatis c a m p a n i s vigiliae ex
integro, et in mane Missa una cantetur publice in Conventu. Verbr. zw. Kloster
Ebersberg und Kloster St. Emmeram in Regensburg 1339. (Pez. Thes. Anecd.
6. P. 2. 127. cl. 1.) Dom-Capitel zu Mainz mit dem Orden der Carthäuser (1339).
Guden. Cod. Diplom. 3. p. 310. Verbrüderung zwischen Bened. Kl. St. Peter
in Salzburg und Bened. Kl. Anschpach in Baiern 1339. (Chron. Nov. St. Peter.
p. 316. cl. 2.) Verbrüd. z. d. Minoriten zu Speier u. dem dortigen Dom-Capitel
1339. (Remling Urkundb. v. Speier 1. 445.) Verbrüderung zwischen Kloster
Milstadt und Kl. Obernburg (1. Nov. 1340 Original-Urkunde im K. K. H. H.
und Staats-Archiv.) Verbrüderung zwischen Bened. Kl. St. Peter in Salzburg
mit dem Schotten Kl. zu Wien 1344. (Chron. Nov. St. Peter. 317. cl. 1.) Der
Verbrüderungspact selbst wurde zuweilen im Regelbuch eingetragen, ut in
libello regulae nostrae litteris commendetur. Verbr. z. St. Gallen u. Reichenau
Neug. Cod. Alm. 1. p. 589.

Wir sehen im Verfolge der Jahrhunderte nicht bloss Klöster mit
Klöstern sondern auch Klöster mit Dom-Capiteln (1056 H, 1063 J,
1120 M, 1219 O, 1223 P, 1243 R, 1339 DD etc.) Nonnen- mit
Mönchsklöstern (1282 U, 1326 BB etc.) Dom-Capitel mit Dom-Capitel
(1219 O) in Verbrüderung treten, und den Pact urkundenförmlich
mit Zeugenunterfertigung kräftigen (1056 H, 1095 L, 1120 M,
1180 O, 1240 Q etc.).

Neben dieser wechselseitigen Verbrüderung geistlicher Körperschaften fand schon frühzeitig die Aufnahme E i n z e l n e r des geistlichen wie Laienstandes in den geistigen Verband einer Kloster-
gemeinde Übung und Verbreitung.

W e l t l i c h e Fürsten, Kaiser, Könige, Herzoge *), g e i s t l i c h e

---

*) Den h. Maurus bittet König Theodebald seinen Namen unter die der Mönche zu
verzeichnen. Tunc beatum Maurum petiit, ut Fratres eum in suam recipere
dignarentur s o c i e t a t e m, et n o m e n ejus inter sua scribere nomina. Faust.
Vit. S. Mauri († 584) Mabill. A. S. Saec. 1, 277. (Diese Legende jedoch ist
nicht völlig frei von Zusätzen.)
So werden gleichsam als Ehrenmönche Kaiser Ludwig I. und König Ludwig
von den Mönchen zu St. Denis unter den Ihren aufgezählt.
Incipiunt nomina Monachorum de Monasterio sancti Dionysii.
Hludouicus Imperator. Item Hludoucus Rex (838), D'Achery Spicil. 4, 230.
Ein kostbar ausgestattetes Evangelienbuch (c. S. x.) zeigt auf einem besonderen Blatte zwischen dem Evangelium des Mattheus und Marcus die Aufnahme
König Knut's, seines Bruders Harald's und einiger anderer in die Brüder-
schaft bei der Christi-Kirche zu Canterbury aufgezeichnet. „Hier ist eingeschrieben König Knutes Name, der unser lieber Herr vor der Welt und unser
geistlicher Bruder von Gott ist etc."

14

Würdenträger, Cardinäle, Bischöfe u. s. w. liessen sich in klöster-
liche Verbrüderungen aufnehmen [7]).

---

† In nomine dñi Jhū Xpi. Her if arwiten CNVTES kingef nama þe if ure
leofa Hlaford fon worulde and ure gaſtlica broðór fon Gode. and Harold ðæf
Kingef broðor.

Ðord ure broðor. Kantoca ure broðor. Thuri ure broðor. Hickes Thesaur.
Septen. 1, 181, cl. 1. Pro Imperatore, qui dignus fuerit ita scribatur:
Tertio Idus Juli depositio Domni Henrici Imperatoris Aug. nostrae
societatis et fraternitatis charissimi. Guidonis (S. XI.) Discipl. Tar-
fenſis ap. Hergott Vet. Discipl. p. 232. (Wahrscheinlich K. Heinrich V.)

Herzog Bogislaw wurde (c. 1182) v. Bened. Kl. S. Michael in Bamberg in
Fraternität aufgenommen. Usserm. Episc. Bamb. ap. 125, nr. 140.

Bei der zu Tage liegenden diplomatischen Falschmünzerei des Codex Orti-
lonis (Cod. palt. Vindob. 635) vermögen wir nicht die Echtheit der dort (p. 21
a, abged. b. Hanthaler Fast. Campil. 1, 502) gebrachten Urkunde einer Frater-
nitäts-Aufnahme Herz. Leopold's VI. v. Österreich v. Seiten des Cistercienser-
Ordens (1199) zu vertreten, wären jedoch nicht abgeneigt, nach dem Vorgange
der hier gebrachten Beispiele, die Wahrheit des Factum anzuerkennen.
cnf. v. Meiller, Regest. d. Babenberger p. 245, nr. 310. cnf. Urk. d. L. ob d.
Enns, 1, 622.

Jch ſweſter elfpet di priorin von ſanð larenc vnð aller meiner Conuent ver-
iehen an dieſem brief daʒ wir di meſſ von vnſer vrowen vhonðon wellen gern
begen di weil diʒ chloſter ſtet; nicht allain di meſſ ſonder alleʒ daʒ daʒ ir an vns be-
gert vnð daʒ wir gueter dingen begen in Got daʒ wir daʒ mit ganßen trewen mit
ev tailen wellen ewern ſel vnð ewer leip lemtigen vnð toten, vnð vnſern herren
chvnig vnð die ev angeherent. Vnð ʒu einer vrchvnð vnð ʒu einer veſtichait geb wir
daʒ inſtegel vnſer Convents. Der brief iſt gegeben do von chriſtes burte iſt geweſen
Tovſent iar vnð drai hvndert iar vnð funf iar des eritages an ſanð michels abent.
(Original-Urkunde mit Siegel im k. k. H. H. u. St. Archiv.)

Illustrissimo principi ac domino strenuo domino Ottoni Austrie et stirie mag-
nifico frater Guillelmus Abbas Cysterciensis totusque conuentus Abbatum capituli generalis salutem et successus ad vota prosperos ac felices. De vestrorum
procedit virtutibus meritorum et inclinat animi vester generositas, quod tam nos
quam nostrum vniuersalem ordinem Cysterciensem favore prosequimini beni-
uolo sicut apparet per effectum in nova plantacione quam incepit vestre Magnifi-
cencie dextra de quo nobis assurgimus ad vberrimas graciarum actiones peticio-
nique vestre per venerabilem Coabbatem nostrum de Morimundo oblate benigno
sicut condecet concurrentes assensu tradimus vobis nec non et nobilissime domine
Elyzabeth legittime vestre cum vestris heredibus plenariam participationem omnium bonorum spiritualium quae in ordine nostro fiunt ac de Cetero fient deo
dante in vita vestra pariter et in morte. Ita quod cum obitus alicuius vestrum
nostro fuerit generali capitulo nunciatus ibidem sicut vnus nostrum absolue-
mini omniumque missarum vigiliarum et oracionum quas in ipso Capitulo sin-

Die, Laien ertheilte Verbrüderung bezeichnet man durch „fraternitas", mit demselben Ausdrucke und mit dem „confraternitas" die mit geistlichen Personen eingegangene derartige Vergesellschaftung. (Du Cang. Glos. v. confraternitas. 1. 535. cl. 3.)
Wi.· treffen zuweilen auf die Bezeichnung „fraternitas plena"
und „fraternitas communis", wie z. B. in folgenden Stellen: Huius
congregacionis fraternitas prestaretur, sibi quidem et coniugi
plena, fratri vero interim communis, nisi ipse postmodum maiori
familiaritate plenam nihilominus promeruerit. (Donat. an d. Prä-
monstr. Kl. Osterhoven (1168) Mon. Boic. 12. 342.) Dux Hainricus tradidit etc. — rogans ut plena fraternitas ei daretur —
et memoria eius vivi sive defuncti deinceps ibidem haberetur.
Donat. an d. Prämonstratenser Kl. Scheftlarn (1164—1200) Mon.
Boic. 8. 432. Burchardus plenus fr. Necr. d. Kl. S. Michael in
Bamberg (S. XII. Bericht d. Bamb. hist. Verein. 7. 171.) Am Ende
desselben Necrologium beisst es: „Nomina eorum qui plenitu-
dinem adepti sunt" (ibid. 7. p. 80) cnf. T. u. Anmerk. 12.

---

gulis annis tam pro principibus ducibus et baronibus quam nostris Confratribus
iniungimus faciendas absque eo quod pro excellencia vestre dominationis in
speciali facere intendimus efficiemini participes et consortes. In cuius rei testimonium sigillum nostrum suffragiorum presentibus est appensum Dat. apud
Cystercium anno domini Milles. CCC vicesimo nono tempore capituli generalis.
(*Original-Urkunde mit Siegel im k. k. H. H. u. St. Archiv.*)

7) Karl der Grosse empfahl den im Concilium zu Frankfurt (794) versammelten
geistlichen Würdenträgern seines gelehrten Freundes Alcuin Aufnahme in ihre
Gebetsverbrüderung.

Commonuit etiam, ut Alcuinum ipsa Sancta Synodus in suo consortio
sive in orationibus recipere dignaretur — Omnis namque Synodus secundum admonitionem Domini Regis consensit, et eum in eorum cunsortio sive in
orationibus receperunt. Hartzheim Concil. Germ. 1, 329, cl. 2. Ratbot,
Bischof von Trier (885) in Verbr. v. St. Gallen aufgenommen. Neugart, Cod.
Alem. 1, 459. Feierliche prunkvolle Verbrüderungs-Aufnahme von Bischöfen
und andern Hochgestellten in St. Gallen. 908, 928, 955, 988. Goldast. p. 152
seq. Neugart., Cod. Dipl. Alem. 1, 549.

Die Mönche von St. Gallen nehmen (982) Eginolf Bischof von Lausanne in
ihre Verbrüderung auf. Ibd. 1, p. 626 et ejusdem cenobii tam presentes
quam futuri fratres sue societatis communionisque portionem michi in
Deum specialem fore admittant. Donat. d. Bischof. Harduin (c. 1026) an Kl.
St. Bertin. Guérard, Chart. d. l. Fr. 3. 177. Aufnahme Otto's, Cardinals und
Bischofs von Ostia, in Verb. d. Kl. Reichenau (1084). Neugart, 2, p. 35, cnf.
Anmk. 12.

Unter „fraternitas plena" dürfte unseres Dafürhaltens jene Verbrüderung zu verstehen sein, durch die der Verbrüderte nicht bloss des Gebetes sondern bei Benöthigung auch zeitlicher Hilfe theilhaft wurde, etwa in der Art, dass ihm für den Fall des Rücktrittes aus dem Weltleben die Aufnahme in das Kloster zugesichert wurde. Bei der Verbrüderung zwischen geistlichen Körperschaften wenigstens wurde die „integra atque plenaria societas" dahin verstanden, dass den Mitgliedern beider Körperschaften gegenseitig die Gastfreundschaft im weitesten Masse in Anspruch zu nehmen das Recht ertheilt wurde. So z. B. in der Verbrüderung (1158) zwischen dem Bened. Kl. St. Nicasii in Rheims und dem dortigen Kathedral-Capitel. Marlot, Hist. Remens. 1, 648. Vielleicht wurde in manchen Fällen bloss eine alljährlich für den Aufgenommenen zu begehende Todtenfeier (Anniversarium) durch die fraternitas plena zugesagt. cnf. Anmerk. 12.

Die Aufnahme in eine Verbrüderung galt nicht blos als heilfördernd für die Zukunft, sondern übte auch sündentilgende Wirkung auf die Lebens-Vergangenheit des Aufgenommenen [8]. Ferner erlangte man in vielen Fällen dadurch das Zugeständniss der Beerdigung in den geweihten Räumen der geistlichen Körperschaft [9].

---

[8] Haec me denique cogitantem, nullam meliorem mihi videtur esse ad redimendum peccata, quam qui societatem, et Fraternitatem habet in monasterio qui secundum Deum et regulam S. Benedicti observant. Donat. (1098) d. Rocca Tochter des Grafen Drogo an Kl. Cassino. Gattol. Hist. Abbt. Cassin. 1, 215, cl. 2.

[9] Als Brithnod, Aldermann v. Essex gegen die Dänen zog, wurde er gastlich mit seinem Gefolge im Kloster Ely aufgenommen. Des Morgens begab er sich in das Capitel der Mönche um von ihnen in ihre Verbrüderung aufgenommen zu werden. Er beschenkte das Kloster reich mit Gut und Geld zugleich bedingend, dass wenn er im Kampfe getödtet werden sollte, die Mönche gehalten seien, seine Leiche in ihrem Kloster zu begraben. Als dann die Mönche erfuhren dass der Tapfere der Übermacht des Feindes erlegen sei, begaben sich der Abt mit einigen Mönchen nach dem Schlachtfelde, nahmen die Leiche an sich und bestatteten sie in ihrem Kloster.

„Crastinum causa suscipiendae fraternitatis venit in capitulum, et—dedit eis statim haec capitalia maneria — sub hac conditione — ut si forte in bello occumberet, corpus illius huc allatum humarent, etc. Hist. Eliensis ap. Gale S. S. R. Angl. 1, 494.

Ejus conditionis tenore, ut nobis in eorum Fraternitatem receptis, Locoque Sepulturae in Claustro utriusque concesso. Donat. (1100) an Kl. S· Stephan in Würzburg. Schannat Vind. 1, p. 60, nr. 15.

Für den Fall der Tod einen in Excommunication befindlichen Verbrüderten aus dem Leben rufen sollte, durfte dieser auf die Verwendung der geistlichen Körperschaft, der er im Leben verbunden war, auf Gestattung eines christlichen Begräbnisses hoffen [10]).

Bei derartigen geistigen Vortheilen, welche Verbrüderungen gewährten, war man eifrig um die Aufnahme in eine oder mehrere derselben besorgt [11]).

Filii senioris Richkeri de Wesen, Richkerus, Werenhardus et Fridericus — ut ubicunque locorum vita decederent, in sepulchris parentum suorum — sepelirentur, quod fratres approbaverunt, eosque secundum petitionem ipsorum in fraternitatem susceperunt. Donat. (c. 1170) an d. Chorh. St. Reichernberg. Urkundb. d. Land ob d. Enns 1, 375, s. Anmk. 12.

[10]) Mon. Boic. 1, p. 105. cnf. Anmk. 48 (an. 1266). Dieses war vielleicht auch der Fall beim Tode Uldalrichs Walpoto (ant. an 1123) der im Kl. S. Michael in Bamberg beerdigt wurde. s. Usserm. Episcop. Bamberg, app. p. 62, Nr. 75. Der wegen vollzogener Beerdigung eines Excommunicirten durch die Nonnen v. Bingen (S. Hildegardis [† 1178] Epist. ap. Bibl. Patr. Max. Lugd. 23, 543 b.) angefachte Streit, scheint einem ihnen Verbrüderten gegolten zu haben.

[11]) Dank wegen Aufnahme in Fraternität. S. Hildegard. (1178) Epist. ap. Bibl. Patr. Max. Lugd. 23, 556, h.

Illustri Comiti, domino Ottoni domino de Mompharis, et nobili consorti eius frater B. humilis Prior domus Maioris Carthusie ceterique diffinitores Capituli generalis, salutem et oracionum suffragium salutare. Exigente pie deuocionis affectu, quem ad ordinem nostram ex relatione karrissimorum fratrum nostrorum Prioris de Seyts et Prioris de Goeyrove intelleximus vos habere, nec non considerantis multa beneficia et promociones a vobis eis impensa, Concedimus vobis plenam participationem et associonem omnium bonorum spiritualium, Missarum, vigiliarum, abstinenciarum, que fiunt et de cetero fient in toto ordine nostro diuina gratia concedente. Addicientes insuper de gratia speciali vt cum felix obitus vester nostro fuit generali capitulo intimatus, pro vobis oraciones et alia beneficia iniungentur, que pro karissimis amicis et benefactoribus nostris ordo iniungere consueuit. Datum Anno dom. M°CCC°XII° In nostro capitulo generali.

(Original-Urkunde im k. k. H. H. u. St. Archiv.)

Das General-Capitel des Predigerordens nimmt Peter v. Liebenberg und dessen Kinder in Verbrüderung auf, uobis et liberis uestris omnium Missarum. Oracionum. Predicatioum. ect. Bologna an. 1315.

(Original-Urkunde mit Siegel im k. k. H. H. u. St. Archiv.)

Das General-Capitel des Karthäuserordens nimmt auf Anempfehlung Peter's, Prior d. Carthause zu Seitz (in Steiermark) Peter v. Liebenberg in die Verbrüderung auf, ann. 1320.

(Original-Urkunde im k. k. H. H. u. St. Archiv.)

Den geistlichen Körperschaften ihrer Seits dagegen floss aus dieser Verbrüderungs-Aufnahme eine nicht unergiebige **Mehrungs-quelle** zeitlichen Besitzes [12]).

Frater alexander prior generalis fratrum heremitarum ordinis sancti augustini. dilectis sibi in christo domino petro de liebenberch et uxori sue domine margareta, vna cum **heredibus** eorum salutem in domino sempiternam. Pro pie deuotionis affectu que ad nostrum ordinem geritis, sicut pia fratrum nostrorum relatione didicimus ect. In cuius rei sigillum nostre confraternitatis presentibus duximus aponendum. Datum Tervisii anno domini M·CCC·XXI· octavo die Junii.

(Original-Urkunde mit Siegel im k. k. H. H. u. St. Archiv.)

Die Karthause Mauerbach nimmt Ullrich v. Wallsee in Verbr. auf 24. Febr. 1329.

(Original-Urkunde im k. k. H. H. u. St. Archiv.)

Wier pruder Ott Abt dacz Zwetel vnd die Sammung alle gemain des selben Chloſters enpieten der Edeln vnd erbierdigen vrowen, vrowe Annen, des erbern herren herren Wolfkeres, felig, von Dachſperch Wytiben, vnſer andechtigs gepet hincz Got, mit ganczen trewen, Wann vns Gotes ordenung dar zue hat geſaczet das wier allen chriſtenleichen menſchen, weg zaigen ſchullen, der ſew fuer czu dem Hymel Dorum nach der andacht vnd begier vnd durich beſunder trewen willen di ier czu vns vnd czu vnſerm Gotshous habt, als wier oft enphunden haben vnd nu furbaz als vil mer haben ſchult, als ir vns des vaſter gepunden ſeit, Geben wier ew Pruderſchaft, vnd ganczen gemain mit vns zehaben aller gueten dingen, di vns Got von ſeinen gnaden verleicht zetuen pei tag, aber pei nacht, Ez ſei mit Meſſ ſprechen mit vaſten oder mit wachen, mit ſingen, oder mit leſen, mit almueſen mit Gaſtung, mit andechtigem gepet, vnd mit cheſtigung des leibes, vnd mit aller Geiſtlicher arbait bie dew benannt iſt, die haimleich oder offentleich in Gotes lob vnd in vnſer Vrowen dienſt geſchechent, vnd ſchult das alles haben, lemptig vnd Tod, als gancz, recht als unſer prueder ainer, der ſein end in vnſern Orden nimt. Vnd tuen daz auch mit verlaub vnd mit gewalt vnſers Ordens **obriſtem Capitel**, do von wir auch, des, beſunder **Prieff** haben, das alle die, di vns ier ſtewr raichend, zu vnſerm **Newn Pawe**, das wir vorhanden haben, thailheftig ſchullen werden, aller der guettet. die wegangen werdent. in Graben Orden in **aller werlt**, Dar zue wann vns ewer Tod in vnſerm Capitel gechundet wiert ſo wel wier ew antlas hincz Got ſprechen, vnd vmb ewer ſell beſunders pet auff ſeczen, als vmb vnſer prueder ain der in vnſern Orden ſtirbt. Dar vber geb wier ew dieſen Prieff ze einem vrchund, verſigelten, mit vnſerm Jnſigel. der gegeben iſt dacz Zwetel, do man zalt von Chriſtes puerd. Dreuczechen hundert Jar vnd ſiben vnd funfczich Jar, an ſand Clementan Tag.

(Original-Urkunde mit Siegel im k. k. H. H. u. St. Archiv.) s. Anmk. 12. cnf. Mon. Boic. 1, p. 99.

[12]) Eo tenore ut **plenam fraternitatem** tam uiuens quam **moriens** haberet et **sepulture** locum post finem uite sue in monasterio obtineret. Tradit.

Solcher Weise hatte die Zahl der einzeln aus dem geistlichen
wie Laienstande, deren letztere sogar mit Weib und Kindern in die

---

Tacholfi, comitis (S. IX?) Dronke Cod. Diplom. Fuldens. p. 260, nr. 578, cnf.
ibd. p. 344, nr. 729, p. 384, nr. 786, Quidam nobilis nomine Goteboldus in
nostram fraternitatem et orationem susceptus, tradidit etc. Donat. an
Benedict. Kl. Weihenstephen (1064 — 1080) Mon. Boic. 9, 366. Ego Arber-
tus miles — et uxor mea nomine Ay, et filius meus Petrus, accepimus
societatem corporis et animae in Monasterio Sancti Andreae, intra moenia
Viennae urbis posito, ut partem habere possimus in sacris etc. — et ut inter
socios sanctae Congregationis numerari possimus domus etc. (c. 1081).
D'Achery Spic 13, 293. Fidelis de Halla n. Enzile, et ejus uxor Pezala duo
mancipia — delegaverunt, — ut ipsi in fraternitatem susciperentur. Donat.
(1090—1104) Chron. Nov. S. Petr. Salisburgens. p. 202, cl. 2. Die Benedictiner v. St. Michael in Bamberg nehmen den Priester Gotefried in ihre
(plena) Fraternität auf (s. XII). Usserm. Epis. Bamberg. app. p. 86. Idem
quoque solicitus pro anima sua existens, plenam fraternitatem a nobis
suscepit et sepulturam ubicumque obierit; liberum etiam introitum conver-
sionis in loco nostro. Donat. an Benedict. Kl. Weihenstephen (1138 -- 1147).
Mon. Boic. 9, 397, cnf. ibd. p. 390. Donat. (1137) Dronke Cod. Dipl. Fuld.
388, nr. 792. (1150), ibd. p. 394, nr. 800, nr. 808, nr. 809, nr. 810 seq. XX.
Libras argenti obtulit, pro adaptione scilicet Fraternitatis eorum. Don.
(1127) des Domherrn Friedrich von Würzburg an Kl. S. Michael in Bamberg.
Schannat Vindem. 1, p. 47, Nr. 19. Günther, Bischof zu Speier, empfiehlt sich
dem Gebete der heil. Hildegard. Rogamus autem intime sanctitatem tuam,
quatenus pro dilectione nostra Deum pro nobis interpelles — et scias omni
ambiguitate remota, quod si Deus vitam concesserit, non carebis honesta
remuneratione. S. Hildegard. († 1178) Epist. ap. Bibl. Patr. Max. Lug-
dun. 23, 546 g. Heinrich, Notar der Stadt Wien und seine Ehefrau Kunigunde,
setzen (1298) das Kloster der Sc otten daselbst „qui plenam nobis — lar-
giti sunt confraternitatem" zu Erben ein. Hormayr, Wien, 2, I. p. LXIII.
Klöster schenken zuweilen Bücher zum Zeichen freundlicher Verbrüderung.
So Kloster Tegernsee an das Capitel von Hildesheim (c. S. XII) P, M. Germ.
9, 848. l. 37. Insuper plenam fraternitatem accepit hoc modo, quandocunque velit intrare claustrum sororum, recipiatur; si non intraverit tamen
honorifice defuncta apud nos sepeliatur. ibd. (1156—1172) p. 454. Precibus suis obtinuit apud nos plenam fraternitatem — ea ratione, ut
in anniversario ipsius sibi et fidelibus defunctis ut moris est, vigile etc.
Donat. an d. Benedict.-Kl. Scheyrn (c. S. XII etc.) Mon. Boic. 10, 405.
Donation (1233) Heinrich's von Brunne an das Cistercienser Stift Heiligenkreuz „ut omnium bonorum que Sancta Cruce fiunt, cum uxore mea et
liberis merear fieri. Pez. Thes. Anecdt. 6, P. 2, 84. cl. 1. Probst Wolfram
v. Seckau und sein Capitel nehmen Dietmar Probst v. Frisach und seine Ältern
und seinen Bruder Herbord in ihre Fraternität auf. Donat. (1234) Diplom
Sacr. Duc. Styr. 1, 207, bestätigt 1238; ibd. p. 208, cnf. p. 228, (ann.

Verbrüderung traten (s. Anmerk. 11 und 12), wie jener als Glieder einer geistlichen Körperschaft Aufgenommenen eine bedeutende Höhe erreicht. Das Dom-Capitel zu Hildesheim stand im XII. Jahrhundert mit v i e r u n d z w a n z i g geistlichen Körperschaften in Verbrüderung. (Chron. Hildesheim. ap. P. M. Germ. 9. 848. l. 32.) Im Benedictiner - Kloster St. Peter in Salzburg war die Zahl der mit Klöstern und Dom-Capiteln eingegangenen Verbrüderungen auf die Höhe von a c h t z i g angewachsen (Aufzählung im Verbb. v. St. Peter p. LIV seq. edt. v. Karajan). Kloster Reichenau stand bereits im IX. Jahrhundert mit v i e r u n d f ü n f z i g Körperschaften in gleicher Vergesellschaftung (Mabil. Analect. p. 426 edt. in fol. cnf. K.).

Der meisten dieser Mitglieder hatte man während ihres Lebens und aller nach ihrem Tode im Gebete zu denken (s. Anmerk. 11 u. 12 u. B. C. D. F. G. etc.). Man nahm daher frühzeitig schon auf das Verzeichnen der Verbrüderten Bedacht, und ordnete ihre Namen in das Diptychon ein.

D i p t y c h a , d. i. Verzeichnisse ihrer Patriarchen, Bischöfe u. s. w. der lebenden und verstorbenen, führten Behufs der Gebetserinnerung unter der liturgischen Handlung bereits die Kirchen der frühen christlichen Jahrhunderte.

(Über Arten der Diptycha, besonders der frühen griechischen Kirche, s. Salig de diptych. p. 19 seq. Du Cange gloss. 2. 863.

1265). Pro receptione filiae sue in consororem dominarum nostrarum. M. Fischer Cod. Trad. Claustroneob. (s. XII—XIII), p. 157. nr. 711. Donation (1302) Otto's v. Liechtenstein an die Karthause zu Seitz. Tali nihilominus conditione adiecta et inclusa; quod ipsi Domini et Fratres praedicti mihi c o n - f r a t e r n i t a t e m tam in vita, quam in m o r t e plenariam in DEI nomine donaverunt. Diplom· Sacr. Duc. Styr. 2, 95.

Die Aufnahme erfolgte e i n s t i m m i g. Quidam Canonicus Ecclesiae sancti Viti nomine Albertus, quem etiam in consortium nostre f r a t e r n i t a t i s u n a n i m i t e r recepimus (1197 — 1219) Cod. Trad. Weihensteph. ap. Mon. Boic. 9. 485. Über die Aufnahms - Ceremonie Einzelner bei Cluniacensern. s. Udalric. (c. 1087) Consuet. Cluniac. ap. D'Achery Spic. 4, 225.

Als Symbol der Aufnahme in die Confraternität bedingte man zuweilen die Abgabe zweier F i l z s c h u h e von Seiten der Aufnehmer. Sumus recepti una cum uxoribus et predecessoribus nostris omnibus et singulis — in c o n - f r a t e r n i t a t e m et o r a c i o n e s Dominorum et sororum, cuius rei gracia duo v i l t i a t i c a l c e i , quamdiu vixerimus, in secundo anno alteri nostrum dentur. Donat. an. 1287. Monum. Augiens. ap. Mon. Boic. 1, 228. cnf. ebd. 2, 465; 3, 191. cnf. Meichelbeck, hist. Frising. Dissert. 4, I, p. XXII.

cl. 2. seq. Binterim Denkw. 4. B. 2 Abth. Anh. p. 60 ff.) Die Namen der Opfergaben Darbringenden wurden gleichfalls verzeichnet und recitirt (Salig. de diptych. p. 70). Kam auch diese Sitte späterhin ausser Übung, so hielt man es für eine desto höhere Pflicht der Dankbarkeit, den Erbauer oder die Wohlthäter einer Kirche im dauernden Andenken des Gebetes zu erhalten. So verordnet im Jahre 666 ein Concilium: „eorum nomina a quibus eas ecclesias constat esse constructas, vel qui aliquid his sanctis ecclesiis videntur aut visi sunt contulisse, si viventes in corpore sunt ante altare recitentur tempore missae; quod si ab hac decesse- runt — luce, nomina eorum cum defunctis fidelibus recitentur suo in ordine." Concil. Emeritense c. 19. Mansi Conc. 11. p. 88.

Klöster wurden begründet, um dieses Fürgebetes theilhaft zu werden, Schenkungen wurden gemacht, damit die Schenker deren mancher, mit zeitlichen Geschäften allzusehr überladen, der För- derung seines Seelenheiles die nöthige Selbstsorge zuzuwenden sich behindert sah [13]), sie sich durch ihre Wohlthaten der Gebets-

---

[13]) Diesen Grund führen nicht bloss Laien, sondern selbst geistliche Wür- denträger an.

Unde ego Ragenfredus vocatus episcopus, cum a secularium nego- ciorum tumultibus, quibus plus necessitate quam voto inplicitus teneor etc. Donat. (954). Guérard Chart. d. l. Abb. d. S. Pére d. Chartres. 1, p, 51, cnf. ibd. p. 213.

Nos seculares homines semper huic mundo dediti, nimium illecebris inser- vimus hujus seculi. Donat. (c. 1084) Guérard Chart. d. l. Fr. 3, 201. Quoniam negociis secularibus impediti deo per nos ad summa placere nequimus. Stiftb. Herzog Leopold des heil. (1136), für d. Chorh. St. Klosterneuburg, M. Fischer Gescht. Klosterneub. 2, p. 124. Christian Erzbischof zu Mainz, allzusehr mit weltlichen Geschäften überladen, empfielt sich dem Gebete der h. Hildegarde. Quoniam dum terreno regno exterius servire conamur, caele- stem regem multoties interius negligimus. Igitur et orationibus tuis ac sororum quae apud te sunt, nos committimus. S. Hildegard. [† 1178] Epist. ap. Bibl. Patr. Max. Lugd. 23, 542 a, cnf. ibd. p. 544 c, 550, g. K. Konrad III. ibd. p. 551 d. etc.

Quia causis secularibus multipliciter occupati non possumus continua deuotionis et orationum instancia omnipotentis dei misteri- cordiam impetrare oportunum iudicamus omissiones nostras antque negligen- tias elemosinarum remedio compensare. Donat. (1269) Graf Heinrich v. Har- dekke und Heinrich v. Chuenring an d. Nonnen Kl. Maylan. Frast. Stift. B v. Zwetl p. 241. cnf. ibd. p. 427 (an. 1266).

erinnerung des bedachten geistlichen Körpers um so gesicherter
halten durften [14]).

Manche bedingen zu diesem Behufe von den Bestifteten ausdrücklich die Eintragung in ihr „liber vitae" (oder „liber
viventium") [15]), eine Bezeichnung, mit welcher lateinische Kir-

---

[14]) Pro nobis die noctuque misericordiam Domini debeant deprecari, ut in futu-
rum veniam de peccatis merear obtinere. Donat. (662) Nivardi Episcop. ap.
Pardessus Diplom. gall. franc. 2, p. 139, ut melius eos delectet pro nobis
misericordiam Domini jugiter exorare. Donat. (675) des Grafen Vuolfaudus
an Kl. St. Michael in Verdun, ibd. 2, 165. Quo videlicet eisdem servis Dei,
pro nobis seu progenie nostra propensius intercedentibus, ad praesentis vitae tramitem foelicius, dirigente Domino, percurrere, et aeternae gloriae
postmodum participes valeamus existere. Donat. (691) d. Majordomus
Pipin und seiner Gattinn Plectruda ibd. 2, 213. Donat. (721) d. Königinn Bertrada an Kl. Prüm, ibd. 2, 328. cnf. ibd. Donat. (726) d. Rohingus p. 348,
et sicut nobis promiserunt, per singulos dies nomen nostrum tam in Missas quam et peculiares eorum orationibus ad sepulchrum ipsius S. Dionisie
debeant recitare. Donat. (755) d. K. Pipin an Kl. S. Denis. Bouquet. Recl. 5,
702. et ut melius delectet ipsos Monachos pro nobis, vel bonae memoriae
germano nostro Kallomagno quondam, seu subsequente progenie nostra
die noctuque Domini misericordiam attentius deprecare. Restitut. (766) d.
K. Pipin an Kl. S. Denis. ibd. 5, 706 e. Bestät. (775) Karl d. G. an Kl S.
Denis, ibd. 5, 734. Donat. (769) Karl d. G. an Kl. S. Denis, ibd. 5, 712. b. ea
conditione — ut eorum semper sint memores in orationibus suis apud deum.
Donat. Comitum. W. et. F. (786) Dronke Cod. Diplom. Fuld. p. 51, nr. 84.

Sed iis sumptibus ubertim oblectati, valeant — perpetuis temporibus
pro nobis nostraque unanimi conjuge Hermentrude et charissima prole
Dei — misericordiam exorare. Donat. (858) K. Karl d. Kahl. an Kl. S. Sym-
phronian. Bouquet. Recl. 8, 540 e, cnf. p. 550 b. Schenkung Herzog Roberts
v. Burgund (1043) Bouillart Hist. d. St. Germain d. Prez. app. p. XXVIII.
Donat. (1080) Guérard. Chart. d. S. Père d. Chartres 1, 158. qui ut orationibus fratrum predictorum in ulta pariter et post mortem artius adstringerer.
Donat. (1254) Frast. St. B. v. Zwetl, p. 381, 1. Amnk. 12, 13.

[15]) Der Bischof verlangt, dass jede der Kirchen die er bedacht, ihn in ihr Buch
des Lebens verzeichne.

Illud vero specialiter rogo, ut in — loca, ubi aliquid — delegavi nomen
meum ac sacerdotes illorum in libro vitae jubeant adscribere, et per singulas festivitates recitari. Testament (615) Bertrann's Bischof v. Mans
Pardessus Dipl. Gall. Franc. 1, p. 214.

Pro huius meriti nomen meum in libro vitae conscribatur, quia ibidem.
in ipsa Basilica corpusculum meum pausare cupio. Donat. (627) der Witwe
Theodila an Kl. S. Denis. Felibien Hist. d. S. Denis app. p. IV.

Post nostrum quoque de hac luce discessum, ibidem nomen nostrum in

chen des VI. — XIII. Jahrhunderts ihre Diptycha betiteln. Die letztere Bezeichnung erscheint nòch im IX. Jahrhundert. So heisst

---

libro vite ponatur vel recenseatur, et eorum sacerdotes hostiam pro nobis omni tempore valeant offere. Donat. (686) d. Bischof. Reolus zu Rheims an d. Abt. Bercharius, ibd. 2, 201.

Et supplicamus ipsos fratres et rectores ipsius monasterii, propter Deum et mercedem nostram lucrandam, ut ipsum monasterium, quod ibidem transfirmavimus, de missis, de curso, de luminaribus curam habere studeant, et de hospitibus et peregrinis caritatem, ut mercedem exinde habere debeant, et nomen nostrum in libro vitae recenseant. Donat. (687) Amalfred. an Kl. S. Bertin. Guérard Coll. d. Chartul. d. Franc. 3. p. 30. Et nobis dominus ihs. xps. requiem uite eterne retribuat et illos fratres ibidem consistentes melius dilectet pro nobis domini misericordiam deprecarae et nomen nostrum in libro uite in ipsa basilcæ ponatur uel recenseatur. Donat. (713) Heriuuini, Zeuss Trad. Wizenburg. p. 26. Ita ut nomen meum in ipso monasterio in libro uite ponatis uel recenseatis. Donat. (713) uueraldi. ibd. p. 181. Ut nomen meum in librum uite scribatur, et ut monachi uestri me recipere in eorum orationes dignentur. Precar. (718) hrodoini. ebd. p. 184. In ea uero ratione, ut nomen meum in libro uite scribatur, et recenseatur, et nos et monachi uestri me in orationes uestras recipere dignetis, tam uos quam et posteritas uestra. Testam. (718) Chrodoini. Zeuss Trad. Wizenburg. p. 218. ibd. 223.

Ego enim baldonus donatur tractans pro remedii anime mei filium meum nomen iustini ut de rebus propriis ad monasterio uuizenburgo condonare debeam — dono — ea uero ratione ut nomen filii mei iustini in libro uite conscribantur. Donat. (c. 737) Baldoini. ibd. p. 240.

Rathuinda, die Mutter, macht zum Heil der Seele ihres Sohnes Berno eine Donation (742) „in ea uero racione ut nomen filii mei bernoni in libro uite conscribatur vel recenseatur et uos ipsam terram habeatis ab ac die." ibd. p. 15. Et suplicamus ut nomen meum in libro vitae ipsi sacerdotes, qui in ipso monasterio degunt, habere dignentur; et post obitum etc. Donat, (745) des Priesters Felix an Kl. S. Bertin. Warnkönig. Flandr. Stat. u. R. Gesch. 1, Anh. p. 10. König Aelred und Königinn Osgiva bitten (755) den Bischof Lullus, ihren und die andern im Briefe angemerkten Namen seiner Anverwandten und Freunde einschreiben zu wollen, und sie durch sein Gebet Gott zu empfehlen. Sie werden Gleiches für die ihm von Lullus zugesandten Namen in den Klöstern ihres Reiches veranlassen. Eodemque modo de vobis, et de nominibus ad nos delatis, secundum vestram petitionem, facere curabimus, ut in cunctis monasteriis nostris ditionibus subiunctis perpetius litterarum monumentis commendentur, et orationibus subsidiis Deo quotidie, praesententur. S. Bonifacii op. 1, 210 seq. Notum sit omnibus — qualiter quidam homo oculis cecus, Dieothoch dictus pro eterna salute suime, parentumque et consanguineorum suorum, quos in libro vite super altare scriptos habemus, prediolum — tradidit (an. 1022 — 1041) Mon. Weihen-

es von einem Mönche des Klosters St. Bertin, der von den Normaunen grausam misshandelt wurde, „eligens potius, in Christi nominis confessione — martirio inibi animam Deo commendare, et corpus paternis cymiteriis concinerari, nomenque fraternis dipticis inscribi, quam etc." Folquin. († c. 975) ap. Guérard. Chart. d. l. Fr. 3. p. 108.

Unter „liber vitae" dachte sich die alttestamentliche Zeit (Psalm. 68 v. 29) ein Volumen, in welchem Gott über die Lebensdauer eines jeglichen Buch und Rechnung hält [16]), und noch heute betet und weint der fromme Jude in der Neujahr- und Versöhnungs-

steph. ap. Monum. Boic. 9, 356, cnf. Verbrüderungs-Buch von S. Peter zu Salzburg edt. v. Karajan p. 24, l. 36. Nomina vivorum in libro scribebantur quae ad altare infra canonem recitabantur, et hic liber viventium vocabatur. Similiter hic nomina defunctorum de libro recitabantur. Honor. Augustudon. († ant. 1125) gem. anim. ap. Bibl. patr. max. Lugd. 20, 1061 g. cnf. Anmerk. 18 u. 90.

Ob in folgender Stelle unter „liber memorialis" gleichfalls ein Diptychon zu verstehen sei, lässt sich nicht mit Sicherheit feststellen. Quod idcirco fecimus, ut fratres — in memoriali libro suo conscriberent, uti nos rogauimus, matrem nostram, nostri quoque ac parentum nostrorum habeant in cottidiana oratione memoriam. Donat. Bestät. (ant. 1173) an Kl. Langheim. Usserm. Episc. Bamberg. p. 123.

Die Aufnahme in die Verbrüderung wurde zuweilen am untern Rande des Nekrologium bemerkt, z. B. im Nekrolog des Salzburger Domcapitels (Cod. pal. Vindob. [S. XII seq.] 2090, p. 20 a.) „Apo et uxor eius azala suscepti sunt in nostram fraternitatem" (p. 12 a) Adalheit suscepta est in nostram fraternitatem A. M. LX. cnf. ibd. p. 10 b, 19 a, 26 b. Zuweilen werden die Verbrüderten auf einer leeren Vorseite des Traditions-Codex eingetragen; so in dem des Klosters Formbach (S. XIII m.) Hec sunt nomina illorum qui nobiscum fraternitate coniuncti sunt. Unter den Verbrüderten erscheinen: Odalricus dux poemiorum und Liutpoldus Marchio. Urkdb. d. L. ob d. Enns, 1, p. 622.

[16]) Diese Anschauung macht sich zuweilen sogar noch in christlicher Zeit geltend.

Der Priester Ammon sah unter der Messe einen Engel auf der rechten Seite des Altars mit einem Buche stehen, der die Namen der communicirenden Brüder anmerkte, und jene welche bei der Communion fehlten aus dem Verzeichnisse strich. Drei Tage darauf starben diese. Pallad. († 431) Lausiac. c. 72 Bibl. Patr. Paris. 13. 1002.

Der heilige Nicetius, Bischof von Trier, hatte eine Vision. Vidit — turrem magnam — dominumque stantem super cacumen ejus, et angelos Dei per speculas illas positos; unus autem ex eis tenebat librum magnum in manu dicens: Tantum temporis rex ille et ille victurus est in saeculo etc. Gregor Tur. († 594) Vit. Patr. op. cl. 1238 d.

feier zum Herrn aller Creatur, dass er ihn nicht vom Folio des Lebens übertrage auf das Folium des Todes. Diesen Anthropomorphism
fasst das Christenthum veredelnd auf. Ihm gilt das „liber vitae"
nicht als das Buch des zeitlichen, sondern als jenes Album Gottes [17]),
das die zur Glorie jenseitigen Lebens Erkohrenen verzeichnet hält.
(Epist. ad Philip. 4. v. 3. Apocal. 17. v. 8 etc.)

In diesem Sinne, in dem eines Verzeichnisses der zur Seligkeit
Berufenen, finden wir das „liber vitae" in der christlichen Bücher- [18])

---

[17]) Beda bittet den Bischof v. Lindisfarne, dass man seinen Namen nach seinem
Hinscheiden unter die der geistlichen Brüder v. Lindisfarne einzeichnen möge,
und erinnert, dass er ihn als Gewähr der Einzeichnung nach seinem Tode
bereits jetzt in das Album der Brüder eintragen liess.

. Sed, et me defuncto, pro redemptione animae meae, quasi familiaris—orare,
et missas facere, et nomen meum inter vestra scribere dignemini. Nam et tu,
sanctissime antistes, hoc te mihi promisisse iam retines, in cujus etiam testimonium futurae conscriptionis religioso fratri vestro — praecepisti, ut in
albo vestrae sanctae congregationis meum nunc quoqne nomen apponeret.
Beda. († 735) Vit. S. Chuthberti op. 4, 206, edt. Lond. 1843. Quorum perpe-
tuitatis nomina in coelestibus conscribantur albis. Folquin. (c. 961) Chartul.
Sithiense Guérard Coll. d. Chartul. d. France. 3, p. 16. Optamus etenim potius—
in albo foelicis ordinis benefactorum nostrorum te recenseri, ut cum pro
illis, tum etiam pro te — sacrificium offerentes — dignum te libro quoque
vitae coelestis inseri praedicemus. Fulbert. († 1028) op. 104 b.

Unde, sicut scribantur in coelorum albo, ita dignum est ut eorum nomina
apicibus memoriae fidelium tradantur, quatinus ab ipsis ad Deum pro illis
semper oretur, ut in resurrectionis gloria inter sanctos resuscitati respirent.
Donat. (ant. a. 1070) Guérard Chartul. d. S. Père d. Chartres. 1, 203.

[18]) Nam nihil aliud vobis superest, nisi rogetis Apostolum Domini, ut sicut me re-
suscitavit ad vitam; ita vos quoque resuscitet ab interitu ad salutem, et animas
vestras quae iam de libro vitae deleta sunt, iterum reducat. Apost. Hist.
C. s. c. 17. ap. Fabr. Cod. Apoc. N. T. 1, 570.

Ille solus scit nummerum, qui eorum nomina scripta tenet in libro
viventium. Liudprand († c. 972) Antop. ap. P.M. Germ. 5, 331, l. 50. Parvum
de magnis eiusdem operacionibus librum habeo inscriptum; sed spero memoriale eius in libro vitae asscriptum fore qui ect. Thietmar. († 1018)
Chron. ap. P. M. Germ. 5, 742, l. 46. Die Vision ibd. p. 828, l. 20.
ist auch vielleicht hieher zu ziehen. Subcribimus etiam nomina defunctorum
patrum et fratrum — ut dignis vestris precibus a peccati delictis innundati
mereantur adscribi in libro vitae caelestis. Trauerrundschreiben über
Hintritt der Grafen v. Cerdagne (1050) Marca. Hispan. cl. 1095. cnf. Donat.
(S. XII) Dronke Cod. Diplom. Fuldensis. p. 398, Nr. 805.

26

wie Urkundensprache in ihren Verwünschungs- wie Segensformeln, allenthalben festgehalten.

> nu ḟilf mir frouwe ſente marie,
> unt alle ḃi an ben lebentigen bụḋen geſcriben ſin.

Ruoland. Liet p. 217, l. 34, edt. W. Grimm.

> baȝ ir name werbe geſcriben
> an beſ ewigen libeſ bụḋe.

Ebd. p. 228, l. 16.

Dem Cistercienser Johannes, später Bischof von Valencia, erschien in einer Vision Jesus Christus cum beatis Apostolis suis Petro et Jacobo. Porro beatus Jacobus l i b r u m quendam habebat p u c h e r r i m u m, quem et a p e r t u m coram Domino tenebat, in quo ejusdem clerici n o m e n erat d e s c r i p t u m. Exord. magn. Cisterc. (S. XII exeunt.) Dist. 1, c. 27, ap. Tissier Biblt. Cisterc. T. 1, 42.

> Hildegunt dicta,
> vitae est in c o d i c e scripta.

Caes. Heisterb. Dial. († p. 1227) 1, p. 53, edt. Strange. Der Mönch Bertram hatte eine Vision: Inter cetera quae ibidem vidit, duos senes splendidos, E n o c h videlicet et H e l i a m — agnovit. Tenebantque in manibus l i b r u m m a x i m u m litteris a u r e i s s c r i p t u m, uno tantum folio v a c u o. Et dixit ei angelus, Domini: Iste est l i b e r p r a e d e s t i n a t i o n i s, continens omnia nomina electorum, qui ab initio mundi usque ad diem hanc nati sunt. Cum autem f o l i u m vacuum cernis, p e r f e c t u m fuerit, m u n d u s c o n s u m m a b i t u r. Et ostendit ei nomen s u u m. Ibd. 2. p. 47.

> Ḋarnaḋ iſt baȝ lebentige pụḋ. baȝ biḃiutet got ſelben. Ġot ber baȝ lebentige bụoḋ ḣeiȝet ber ḣat an im ȝwei binḋ. Er ḣeiȝet baȝ lebentige bụḋ vnt beſ groȝȝen lebenſ bụḋ. wan bie ȝeinigem male anin geſḋrieben werbent. bie lebent e w iḋ l iḋ en.

Predigt aus d. XIII. Jahd. Nation. Bibl. 11, s. 7.

Ad extremum (c. S. XIII m.) ab illo qui aperit librum et solvit signacula in l i b r o v i t a e, fuit indelebiter adnotatus. Chron. S. Cathar. de Pisis (Ord. Praed.) Archivo stor. Ital. 6, P. 2, 442.

Accidit ergo, semivigilanti ut Dominus Jesus Christus in forma speciosa prae filiis hominum appareret; quem ut statim intuitu primo cognovit, cogitare coepit: O utinam mihi ostenderes domine me esse cum salvandis in l i b r o v i t a e conscriptum. Et mox Dominus in pectore suo l i b r u m v i t a e demonstrans, eius cogitationi respondit: Ecce inquit, liber revolve eum, et n o m e n t u u m asscriptum invenies. Thom. Cantiprat. († c. 1270) Bonum universl. p. 488.

> Wis gegrüeȝet, unb geruoḋe
> biten baȝ iḋ an bem buoḋe
> bineſ ſuneſ ſi genennet,
> ber bie ſinen wol bekennet.

Pfeiffer, Mariengrüsse. Zeitsch f. d. Altr. 8, 280, v. 165. cnf. Anmerk. 15.

So in folgenden Urkunden „Deleatur de libro viventium, et cum justis non scribatur — in una generatione deleatur nomen ejus in conspectu Domini, et peccatum matris ejus non deleatur. Donat. d. Bischof Eligius an das Kl. Solignac (631). Pardess. Diplom. gall. franc. 2. p. 12. Donat. (671) d. Abt. Huntbert an d. Kl. Maroilles. ibd. 2. p. 156. Don. (704) K. Coenraed. Kemble Cod. Diplom. Saxon. 1. p. 71. auferatur et deleatur memoria eius de libro vitae. K. Offa (757—775) ibid. p. 153. auferatque Deus partem illius de terra viventium, et deleat nomen eius de libro vitae. Herzog Wilhelm v. Aquitanien stiftet (910) d. Kl. Cluny. (Mabil. Act. S. Saec. 5. P. 1, p. 80.) deleat Dominus nomen ejus de libro vitae. Donat. (1001). Baluz Hist. Tutel. cl. 404. de libro viventium memoria eius pereat. Donat. Bestät. (1102) d. Bischofes Heinrich z. Paderborn. (Schaten, Annal. p. 657.) ut auferat Dominus memoriam illius de terra viventium, et deleat nomen eius de libro vitae. Bestät. (1124) K. Heinr. V. an Kl. Engelberg. (Herrgott Geneal. 2 p. 145.) K. Friedrich II. Bestät. (1213) Kl. Engelberg. ibid. 2. p. 218. Deleatur nomen eius de libro viventium, et cum iustis non scribatur, Dotat. an das Kl. Wessobrunn (1220—1243. Mon. Boic. 7. 371.) In folgender Urkunde als Segensformel: quisquis autem amator veritatis hoc testamentum confirmaverit — in libro vitae coelestis iustis et electis conscribatur. Liutolf stiftet (1130) Kl. Vare. Herrgott Geneal. 2. 154.

Aber auch dort, wo von Seite der Donatoren die Eintragung in das „liber vitae" nicht bedungen wurde, heischte die Pflicht der Pietät gegen Wohlthäter deren Einzeichnung (s. oben nach Anmerk. 12). Mit den blossen Formeln „pro remedio animae, pro salute eterna, pro peccatis minuendis " etc. werden die Tausende der Schenkungs-Urkunden jener Jahrhunderte eingeführt, durch welche die Stifter nicht bloss für das Heil der eigenen Seele, sondern auch für das ihrer Angehörigen Sorge tragen. Gatte stiftet für Gattinn [19]), Gattinn für

---

Daher heisst auch das Jenseits „terra viventium". Mansionem edificat im terra viventium et celestis regni pallatio nos asscribit. Privil. K. Friedr. II. (1221) an Kl. Wessobrunn. Mon. Boic. 7, 392.

> uone diu heizzet daz niederre terra morientium
> daz oberere dar ingegen terra niuentium.

Zeitschft. f. d. Altert. 8, 146, v. 57. Und häufig bei Kirchenlehrern.

[19]) Pro remedium animae Geilsuuinda uxoris meae. Donat. (797) an Kl. Fulda. Dronke Cod. Dipl. Fuldens. p. 80, Nr. 143. K. Ludwig Donat. (870) an Kl.

28

Gatten [20]), Eltern für Kinder [21]), Kinder für Eltern [22]), Bruder für Bruder und Vaters-Bruder [23]), für zahlreiche Blutsverwandte in auf- und absteigender Linie (s. Anmerk. 24).

Reichenau. Zapf. Mon. 1, p. 436, für die lebende u. v e r s t o r b e n e Gemahlinn. „pro me et u x o r e mea Gauzla et patri meo et matre mea, et pro Fauciburge, quae f u i t u x o r mea". Donat. (930) Baluz. Hist. Tutel. cl. 341. Donat. (ant. an. 996) Guérard Chart. d. S. Pèr. d. Chartr. 1, p. 94. ibd. p. 128, p. 138, p. 161, seq. Donat. ̄an Kl. Tegernsee (1068—1091) Mon. Boic. 6, p. 46 etc.

[20]) Pro anima quondam v i r i mei Roberti et pro animabus filiorum Drogoni et Roberti. Donat. (859) Baluz Hist. Tutel. cl. 16. Donat. (1137—1141 ?) Dronke Cod. Dipl. Fuldens p. 390, Nr. 794 etc. cnf. Anmk. 68.

[21]) Ratsuinda cogitans pro remedium anime f i l i i mei bernoni. Donat. (742) Zeuss Trad. Wizenburg. p. 15. Donat. (802) an St. Gallen Neugart. Cod. Allem. 1, p. 15. Donat. (834) an St. Gallen ibd. 1, 216.

Pro salute nostra et dilectae C o n j u g i s nostrae Chunegundis, nec non et Karissimi f i l i i nostri Otokari et omnium a n t e c e s s o r u m nostrorum. Stiftung des Klosters Vorau (1163) Dipl. Sacr. Duc. Styr. 2, 307.

Unter den Mitschenkern erscheint auch die S c h w i e g e r t o c h t e r, Hainricus Dei gratia Comes de Eschenloch, et u x o r nostra Agnetis, nec non f i l i u s noster Hainricus, et u x o r ipsius Liugartis — donamus p. r. animarum nostrarum et parentum nostrorum. Donat. an Kl. Benedictbeuern (1261) Mon. Boic. 7, 125 etc.

[22]) Pro remedio animae mei p a t r i s, meaeque parentumque meorum. Donat. (618) K. Eadbald v. Kent. Kemble Cod. Dipl. 1, p. 9. Cedimus pro animae n o- s t r a e remedium, et pro g e n i t o r e nostro quondam bonae memorie Pipino. Bestät. (774) Karl d. G. an Kl. St. Denis Bouquet. Recl. 5. 726 e. Donat. (799) Karl d. G. an Kl. St. Denis ibd. 2, 761 b. Donat. (818) an St. Gallen Neugart. Cod. Alem. 1, 171. K. Karl d. Kahle gedenkt in den Donations-Urkunden sehr häufig seines Vaters. Die Urkunden bei Bouquet Recl. T. 8. Nobilis homo Reginpertus p. r. p a r e n t u m suorum videlicet Reginperti et Sigiburgi, ac sui f i l i i Hermanni, nec non u x o r i s Waltfride. Donat. an Kl. Tegernsee (1008—1017) Mon. Boic. 6, p. 12. cnf. ibd. 9, 395, 437. Pro remedio animarum, videlicet p a t r i s nostria beate memoriae Chvonradi imperatoris augusti, ac amantissime m a t r i s nostre Gisile, simulque ob salutem et remedium anime n o s t r e atque Agnetis regine, nostre c o n t e c t a l i s dilecte. Donat. K. Heinr. IV. (1046) an d. Kirche zu Speier. Dümge Reg. Bad. p. 104. Ähnliche Donat. K. Heinr. IV. an die K. z. Speier (1057) ibd. p. 106 etc.

[23]) Donat. (805) an Kl. St. Gallen Urkundb. Wirtemberg 1, p. 62. Donat. (846) an Kl. St. Gallen Neug. Cod. Alem. 1, p. 255. Pro memetipso et pro anima p a t r i s mei Odulrici et m a t r i s meae Farildae et a v u n c u l i Ademari Vicecomitis. Donat. (947) Baluz Hist. Tutel. cl. 348. Donat. an Kl. Tegernsee (1134—1154) Mon. Boic. 6, p. 77 etc.

In einer Schenkungs-Urkunde des XI. Jahrhunderts werden **vier und zwanzig** Anverwandte namentlich aufgeführt, welche an den Heilsvortheilen der Schenkung Theil zu nehmen haben [24]), und;alle ihre Namen verzeichnet das Diptychon, ja wir können voraussetzen, dass sich in jedem solchen die im Traditions-Buche auftretenden Namen der Schenker und Mitschenker u. s. f., wiederholen müssen.

---

[24]) Pro animae meae et genitore meo Riculfo et genitrice mea Ermengarde et germano meo Gausberto et Bonefacio et sorore mea Uualdradane et pro genealogia mea, ut per intercessione sancti Dionysii cum sociis suis mereamur adaepisci vitam aeternam. Testam. des Abtes Fulrad an Kl. S. Denis (777) Wirtemberg. Urkundenb. 1, p. 18. Nos Waldbertus et Cundramnus, Folhcpertus et Tagebertus. Donat. (819) an Kl. St. Gallen Neug. Cod. Allem. 1, 174.

Es werden sieben (Vater, Brüder etc.) namentlich aufgeführt. Donat. (946) Baluz. Hist. Tutel. cl. 329.

In einer Donation (1090—1104) an das Benedictiner-Stift St. Peter in Salzburg führt der Donator 24 seiner Anverwandten namentlich auf, zu deren Seelenheil er seine Stiftung gemacht. Chron. Nov. S. Peter. p. 202. cl. 1. (Das Register zum Verbrüderungsbuche v. St. Peter edt. v. Karajan weist gleichlautende Namen auf.) Pro remedio animarum parentum nostrorum, avi videlicet Cuonradi et patris nostri Henrici imperatorum, Gisilae avae nostrae, Agnetis matris nostras imperatricum et filii nostri dilectissimi Heinrici quinti regis. Donat. (1101) K. Heinr. IV. an Kl. S. Maximin in Trier. Hontheim Hist. Trev. 1, p. 475.

Neben den Wohlthätern durch That dürften auch die durch ihren Rath, durch ihre Fürbitte zur Stiftung sich einen Platz im Diptychon erworben haben. Rogante dulcissima genitrice nostra Bertrada. Karl d. G. stiftet (786) d. Kl. Neustadt am Spessart. Usserm. Episc. Wirceb. app. p. 5. Dilectae conjugis nostrae Judith. K. Ludwig I. bestät. (831) d. Priv. d. Kl. S. Mart. zu Tours. Bouquet Recl. 6, 573. Ob dulcissimae conjugis nostrae Richildis Imperatricis Augustae gratissimam deprecationem. Donat. (877) K. Karl d. Kahlen ibd. 8, 666, c.

Per intercessionem uenerandae ac dilectae genitricis nostrae Glismuodae. Donat. K. Konrad. an Kl. Fulda (912) Dronke Cod. Diplom. Fuldens. p. 305, Nr. 658. Consultu atque interventu Ludulphi filii nostri. Ott I. Donat. (951) Bisth. Chur. Eichhorn Epis. Chur. app. p. 24, Nr. 18. Et interventu dilectae coniugis nostrae Adelheide. Otto I. bestätigt (958) dem Kl. Pfeffers d. Immunit. ibd. app. 27, Nr. 21. Donat. (980) K. Otto II. an Hochst. Chur ibd. app. p. 3C, Nr. 26. Gisela. Gemahlinn K. Konrad II. (1025) Dronke Cod. Diplom. p. 350, Nr. 739. Donat. K. Konrad II. an die Kirche z. Würzburg (1027) Neue Mittheil. d. Thür. Verein. B. 4, Hft. 4, 138. Bestät. K. Heinr. III. (1046) Cod. Laurisham. 1, p. 173. Donat. (1071) K. Heinrich IV. an Kl. S. Blasien Hergott, Genealog. 2, p. 124 etc.

Es erscheint daher die Bezeichnung „Verbrüderungs-Buch", „liber confraternitatis " (eine Benennung, die überdies die Sprache des Mittelalters für Diptycha nicht kennt) für ein Verzeichniss das sich, wie wir eben sahen, keineswegs auf Verbrüderte beschränkt, als eine zu enge. Auch verwischt diese Bezeichnung allzusehr die Erinnerung an den Stammcharakter eines Registers, das nie etwas anderes als ein erweitertes Diptychon war und blieb. Wir schlagen daher für die Diptycha des Mittelalters, zur Unterscheidung von denen altchristlicher Zeit, die Bezeichnung „Diptychon ampliatum" vor.

Treu seiner Abstammung gibt das Diptychon ampliatum ein Namensverzeichniss der im Gebet zu gedenkenden Lebenden und Verstorbenen, mit dem Unterschiede jedoch, dass wenn diese in altchristlicher Zeit in zwei selbstständigen Büchern aufgezählt wurden (Saling de diptych. p. 19 seq.) sie jetzt im Diptychon ampliatum, in einem und demselben Buche, bloss durch verschiedene Blattseiten oder Blattseiten-Theile getrennt erscheinen. So im Verbrüderungsbuche v. St. Peter in Salzburg, edt. v. Karajan Ordo Episcoporum vel Abbatum vivorum, p. 3. cl. 14., defunctorum, p. 11. cl. 48. p. 16. cl. 70., Ordo Regum vivorum, p. 7. cl. 35., defunctorum, p. 16. cl. 69 etc. Im Verbrüderungsbuch v. Reichenau (S. IX — c. XII) das an 40,000 Namen fasst (Mone, Anzeig. 4. cl. 18), hat jedes Kloster seine besondere Columne. Z. B. Nomina fratrum de Monasterio Rinowa (Zapf Mon. 1. 283. 301. 446. 545 seq. gibt daraus das Verzeichniss der Namen der Reichenauer u. Tabl. VI ein Facsimile. Mabil, Analect. p. 426, eine Übersicht Mone a. a. O. cnf. Mittheil. d. antiquar. Gesellschft. in Zürich, 8. B. 1 Hft. Beilag. p. 22). Im Diptychon ampliatum v. St. Gallen sind gleichfalls die einem jeden verbrüderten Kloster Angehörenden zusammengeordnet. Z. B. Nomina fratrum Canonicorum de monasterio Vueride ect. Goldast. l. c. p. 155.

Führte man in altchristlicher Zeit besondere Diptycha der Patriarchen, Bischöfe ect. und besondere der Gemeindeglieder, so hält das Diptychon ampliatum gleichfalls die Sonderung der Stände in seinen Blättern oder deren Columnen aufrecht. Weltliche und geistliche Würdenträger werden unterabgetheilt. So in St. Peter in Salzburg. Ordo Episcoporum vel Abbatum, p. 3, cl. 14. Ordo Monachorum, p. 3. cl. 1. Pulsantium, p. 6, cl. 33. Ordo Regum, p. 7. cl. 35. Ordo Ducum p. 35. cl. 36 etc. Das in der Cotton Bibliothek (Domit. A. 7) befindliche, aus den Zeiten K. Aethelstan's

(† 941) stammende Diptychon v. Lindisfarne lässt weltlichen Fürsten den Vortritt vor geistlichen Würdenträgern. Es verzeichnet seine Mitglieder in zehn Classen, fol. 12. Nomina Regum uel Ducum, fol. 13. Nomina Reginarum et Abbatissarum, fol. 15. Nomina Anachoritarum, fol. 15 b. Nomina Abbatum gradus praesbyteratus, fol. 16, b. Nomina abbatum gradus Diaconatus, fol. 17. Nomina Abbatum, fol. 18,b. Nomina Praesbyterorum, fol. 23. Nomina Diaconorum, fol. 24. Nomina Clericorum, fol. 34. Nomina Monachorum. Hickes Thes. Septen. 1. 249. cl. 1.

Da geistliche Körperschaften in Verbrüderungsschlüssen sich nicht selten verbindlich machen, an einem bestimmten Tage des Jahres oder des Monates der Verbündeten im Gebete zu gedenken (E. an. 889, F. an. 894, K. (S. XI) M. an. 1120, U. an. 1281, W. an. 1305, Y. an. 1320, BB an. 1339, etc.), so war es für diesen liturgischen Zweck angemessen, alle Namen der verbrüderten Körperschaft in eine Columne zu sammeln, damit man an jenem bestimmten Tage gleich die Namen aller ihrer Verstorbenen zur Gebetserinnerung beisammen hatte. So in St. Peter zu Salzburg, p. 24. Nomina monachorum de Mosabyrga, p. 24. cl. 110—113, Nom. Mon. ex coenob. Triacasium etc.

In einem Fragment eines Diptychon ampliatum (S. XI seq.) des Salzburger Dom-Capitels (Cod. palat. Vindob. 2090, p. 5, b) mit der Überschrift „Fratres de foris" ist jede Blattseite in 3 Reihen getheilt die wieder unterabgetheilt sind, mit der Überschrift (1. Reihe) Episcopi, Viduae, (2. Reihe) Monachi Clerici, Laici, (3. Reihe) die verbrüderten geistlichen Körperschaften in 4 Abtheilungen, wo in jeder Abtheilung mehreren solchen Körperschaften zusammen ein Platz angewiesen ist.

Aus den hier besprochenen Verbrüderungen geistlicher Körperschaften gingen die zahlreichen religiösen Bruderschaften[25]) und

---

[25]) Überaus zahlreich in Köln (an 80, Galen. p. 286 etc.), in Hamburg mehr als 100 (Staphorst p. 226 seq. 568 seq. etc.) In Wien und seinen Vorstädten bestanden bis zur Zeit ihrer Aufhebung (30. Juni 1783) hundert und zehn Bruderschaften, s. Geusau, Gescht. Wien 4, 513 ff. Über die kaiserl. Todtenbruderschaft, welche die Bestattung Hingerichteter besorgte, s. Schlager, Wiener Skizzen 4, 141; 5, 513 ff. Im XIV. Jahrhundert wird der „Ellenden" gedacht, die man „mit des Chrigler zeche bestat." Ogesser Beschrb. d. Metropolitan-Kirche St. Stephan in Wien app. p. 68. St. Colomans Zeche Fischer

die mächtigen G i l d e n des Mittelalters hervor [26]). Solche Bruderschaften, Laien die sich meist unter dem Vorstand geistlicher Personen zur Übung einer speciellen religiösen Pflicht verbanden, hatten alle insgesammt das gemein, dass sie nach dem Hintritte eines ihrer Mitglieder durch Abhaltung einer Todtenfeier für dessen Seelenheil sorgten [27]), und die sogenannten Todtenbruderschaften waren ausschliesslich diesem Zwecke geweihet [28]). Alle derartigen bruder-

---

Leop. Brev. not. Urb. Vindob. 1, 242. Fraternitas S. Sebastiani. Nekrol. des Schottenkl. ap. Pez, S. R. Aust. 1. 700, cl. 1. cnf. Anmk. 26. In Regensburg s. Ried. cod. Dipl. Ratisb. 1. p. 567, 616, 631; 2, 943, 944. cnf. Archiv. d. k. Akad. d. Wissensch. 7. p. 240 u. p. 259. cnf. Mone Quellensammlung 1, 215. Guden. Cod. Dipl. 1, 290, 467, 485, 879.

[26]) Die weltlichen Gilden sind nur eine Erweiterung des geistlichen Gildenwesens. — Jede weltliche Gilde schloss eine geistliche in sich. Wilda Gildewes. im Mittelalt. p. 344. Selbst die Gewerbs- und Handelsgilden stellten sich unter den Schutz eines Heiligen, unter den des Landes-Local- oder Gewerk-Patrons und betitelten sich nach ihm, so die St. Canut-Gilden in Dänemark, die St. Olafs-Gilden in Norwegen, St. Vitus-Gilde in Corvei, die St. Nicolaus Schiffergilde in Flensberg etc., und in allen diesen Vereinen war ein religiöses Moment bald mehr bald minder vorherrschend, ibd. p. 46 ff.

[27]) Orc, ein Freund Kanut des Grossen († 1036), errichtete Gott und St. Peter zu Ehren in Abbotesbury eine Bruderschaft. Ihre Statuten bestimmen, dass, wenn ein Mitglied stirbt, jedes der überlebenden einen Penny zum Besten seiner Seele erlege. Wenn einer von ihnen innerhalb 60 M e i l e n erkrankt, so haben ihn 15 Mann nach Hause zu bringen, stirbt er, dann sollen 30 Mann abgesendet werden, die ihn nach dem Orte bringen, an welchem er begraben zu werden gewillt war. Stirbt er in der Nähe, so sollen sich die Mitglieder möglichst zahlreich sammeln, ihn zur Erde bestatten und für seine Seele beten. Dugdal Monast. 3, 55, cl. 2. cnf. Kemble The Sax. in Engl. 1, 511. cnf. ibd. 240.

[28]) Im Jahre 1220 bestätigte Bischof Peter v. Sens eine durch 13 Geistliche gebildete Bruderschaft, die sich verbunden hatten um für die Wohlthäter und Genossen der Bruderschaft jährlich vier Jahrestage zu begehen, „ut confratriam inter eos jam dudum incoeptam — confirmare vellemus." Gall. Christ. Nov. 12. app. cl. 363 d. Im Jahre 1262 verbanden sich 24 Weltpriester in Achen um Werke der Barmherzigkeit gegen V e r s t o r b e n e zu üben, für deren Seelenheil Messen u. s. w. zu lesen. Quix Beschreib. d. Münsterkirche in Achen p. 98 u. p. 157, p. 161 seq. Solche Bruderschaften verbrüderten sich mit anderortigen Bruderschaften (an. 1461) ibd. 177. Laien machten Spenden an solche Bruderschaften (1439 seq.), um durch ihr Gebet ihr Seelenheil u. das der Ihrigen zu fördern, ibd. p. 183, 185 seq. Laien-Todtenbruderschaften nahmen auch Mitglieder aus anderen Pfarren auf.

schaftlichen Genossenschaften führten Verzeichnisse ihrer Mitglieder, doch wird in ihnen nicht, wie im Diptychon ampliatum, die Eintheilung nach Ständen festgehalten [29]), sondern die Namen, denen zuweilen ihre Wappen beigezeichnet sind [30]), werden in bunter Reihe verzeichnet. Das dem Diptychon entstammende Diptychon ampliatum war zu einer Zeit aus jenem hervorgegangen, in welcher der grösste Theil der Schenker mehr darauf Bedacht nahm ihre Stiftung gegen Eingriffe, als sich die geistigen Gegendienste der Bestifteten zu sichern. Sie bringen ihr Habe der Kirche dar, belohnt durch das Bewusstsein ein frommes gottgefälliges Werk vollbracht und die Gewissheit erlangt zu haben, von der beschenkten Körperschaft in das „Buch des Lebens" eingeschrieben, in ihr Gebet eingeschlossen zu werden.

Aber bereits im VIII. Jahrhundert [31]) macht sich, vorerst nur bei Hochgestellten, das Streben bemerkbar, auf die Gebetserinnerung nach ihrem Hintritte in besonderer Weise Bedacht zu nehmen. Die Bestifteten werden durch den Donator verpflichtet, am Jahrestag seines Austrittes aus dem Leben durch einen feierlichen Act kirchlichen Gebetes für die Ruhe seiner Seele zu sorgen.

Der Ausdruck „Anniversarium" [32]), mit welchem die Kir-

Darzu haben wir gesazt ob ain Brueder zu uns gestund aus ain andern Pfarr daß wir den sein Pillanch begeen sullen, als unser ainen. Statuten der Bruderschaft zu Glocknitz (1355) Mon. Boic. 4, p. 171. cnf. Anmk. 26.

[29]) Angelsächsische Handschriften zu Exeter, die das Mitglieder-Verzeichniss religiöser Genossenschaften enthalten, bei Hickes. Antiq. Septentr. 1, p. 280, Nr. 31—34. cnf. ebd. p. 216, Nr. 53. cnf. ibd. Disert. epistol. 2, 19 seq.

[30]) Das Bruderschafts-Buch der St. Christophs-Bruderschaft auf dem Arlberg (1386), zur Rettung der in den Schneepässen gefährdeten Reisenden, im k. k. H. H. u. St. Archiv, enthält zahlreiche Wappen der Mitglieder, die theils durch Geschenke, theils durch jährliche Beiträge sich betheiligten. Neben grösseren Beiträgen erscheint p. 28, einer von jährlich 4 Kreuzern, cnf. Hormayr Archiv 12. Jahrg., p. 409.

[31]) Karl d. G. und seiner Gemahlinn Hildegardis etc. Anniversar wurde in St. Denis gefeiert, in anniversariis divae memoriae Karoli Imperatoris avi nostrae et Bertae amitae nostrae, atque Hildegardis Reginae avae nostrae. Donat. (862) K. Karl d. Kahlen an Kl. St. Denis Bouquet Recl. 8, 580 c. Abt Eigil († 822) von Fulda führte eine Anniversar für d. h. Abt Sturm ein, Mabill. Act. S. IV, P. 1, 240, Nr. 25.

[32]) Auch „dies memorialis" genannt. „Vinique in Comparis meae SIGEBURGE die memorali. Donat. (c. S. XII) d. Priest. Werltmann an Kl. St. Stephan in Würzburg. Schannat Vind. 1, p. 86, Nr. 75. Auch „annuale" s. Du Cange, Gloss. v. annualis 1, p. 265, cl. 3.

chensprache des Mittelalters eine solche Jahrtagsfeier bezeichnet, scheint anfänglich, wo er von nicht canonisirten Personen gebraucht wird, nur für die Todtenfeier nach Ablauf des ersten Sterbejahres verstanden worden zu sein [33]). Man vermag unseres Dafürhaltens nicht allenthalben, wo dieser Ausdruck in Urkunden des VI—XI. Jahrhunderts ohne nähere Bestimmung erscheint, auf die Verpflichtung zur alljährlichen Begehung einer Todtenfeier für den Donator mit voller Sicherheit zu schliessen. Aber in vielen Fällen wird das Anniversar genauer formulirt. Nicht nur tritt häufiger neben Anniversarium die nähere Bestimmung „annuatum, singulis annis, perpetuum" auf, sondern man bedingt und verclausulirt sich späterhin bei Stiftung eines Anniversar ausdrücklich, Hymnen, Psalmen, Vigilien, Messen [34]), Geisselhiebe,

---

[33]) Prima et tertia et nona et trigesima die pro eis missa celebratur; inde post annum, si voluerint, observatur. Capitul. Theodor. († 690) Waschersleben d. Bussord. d. abendl. Kirche p. 157, c. 130, cnf. Theod. Can. Gregor. c. 131. ibd. p. 175. cnf. p. 206, §. 2 et §. 5. Das Anniverarium perpetuum dürfte sich, in Sonderheit in Deutschland, erst mit dem VIII. Jahrhundert eingeführt haben. Mabillon Act. S. Saec. III. P. 1, praef. §. 101, p. 8. cnf. Du Cange Gloss. v. tricenarium 6, 666, cl. 2 seq.

[34]) Noster anniversarius ac — nostrae conjugis Hirmindrudis in eadam Ecclesia per singulos annos — celebrari, atque honorifice frequentari non negligatur. Donat. (859) K. Karl d. Kahlen f. d. K. v. Autun. Bouquet Recl. 8, 560 e. cnf. ibd. 598 d. cnf. ibd. p. 630 c. Ut illic pro anima beatissimi genitoris nostri carlomanni nostraque Annuatim per omne tempus anniuersarii nostri commemoratio in elemosinarum largitate et pauperum cura cum suarum administratione praecum omnimodis peragatur. K. Arnulf überlässt (890) d. Erzb. Deotmar v. Salzburg die Abtei Au am Chiemsee Mon. Boic. 28, P. 1, p. 104. Et Episcopus ipsius Civitatis pro remedio anime mee et genitoris mei seu genitricis mee in die deposionis mee dare debeat fratribus prefate civitatis — videlicet panem modia IIII. friscingos III. porcinam I. pul. X. vinum modia IIII. et ipsi fratres nobis Domini misericordiam exorare debeant. Donat. (886) an d. Cathed. K. v. Lausanne Zapf. Mont. 1, p. 20. In der Bestätigung (v. gleichen Jahre) heisst es „ut memoriale ipsius annis singulis specialiter ibi celebrent. ibd. p. 23. Ex quibus una est villa Hunela dicta, quam eo tenore contradidit, ut custos ecclesiae ad quem eam tradidit, annis singulis post ejus vitae decessum († c. S. IX m.), in ejus anniversarium annuale, exinde fratribus prepararet obsequium. Donat. an Kl. St. Bertin. Guérad Chart. d. l. Franc. 3, p. 110. Graf Arnold hatte dem Abt Gozbert v. Tegernsee den Tod der Kaiserinn Adelheid († 999) angezeigt, worauf der Abt an den Grafen berichtet, pro qua ex tunc usque nunc consuetudinarias com-

Glockengeläute **¹⁵**), und die Zahl der dabei zu brennenden Kerzen,

plevimus precaminum celebrationes, et in semper annuali revolutione
temporis, vigilias, Missasque cum oblationibus sciamus facere. Pez, Thes. Anecdt.
6, P. 1, cl. 122 b. Donat. an Bendict. Kl. Weihenstephen (1064—1080) Mon.
Boic. 9, 369.

Hoc siquidem tenore, quod in cottidianis orationum suarum suffragiis, tres
Missarum celebrationibus, Nostri, tam vivi quam defuncti, sicut Fratris,
fraternam habeant memoriam et diem anniversarii nostri singulis
annis devote concelebrant. Donat. (1145) d. Erzb. Heinrich I. v. Mainz an Kl.
Capella. Guden. Cod. Dipl. 1, p. 148. Donat. (c. 1155) d. Bischof. Diepold v.
Passau an d. r. Chorh. Stift. S. Nicol. Mon. Boic. 4, p. 264.

Der Convent des Christi-Klosters in Canterbury, verspricht (c. 1179) dem
König Ludwig VIII. für ihn und seine Gemahlinn täglich Messe zu lesen. Cham-
pol. Lett. d. Rois. 1. p. 13.

Rudolf Praepositus, Propst des Stiftes Chiemsee, kaufte einen Weingarten
mit dem Vorhaben „ut haberent inde fratres caritatem ad refectionem et in
anniversario obitus sui die," später resignirte er und zog sich nach Salzburg zurück, ohne diese Schenkung förmlich bestätigt zu haben. Als er später
das Stift besuchte „vineam nobis tradidit et petiit, ut fraternitate nostra suscepta anniversarius obitus sui dies ita ageretur annuatim ac si apud
nos prepositus permansisset." Donat. (c. 1188) Mon. Boic. 2, 348. Don. an Kl.
Neustift (1280) Món. Boic. 9, 592. Otto v. Liechtenstein (1311) — pro anniversario suo pepetuo, et pane ac caseo duarum marcarum illa die
pauperibus distribuendo. Diplomt. Sacr. Ducat. Styr. 1, 266.

¹⁵) Anniversarius quoque eius celebretur — cum hymnis et psalmis. Bestät.
(917) K. Karl d. Einfält. der Donat. seiner Gattinn Frederun. Bouquet. 9,
535 c. caf. ibd. p. 537 c. und in der Urkunde (918) werden die Psalmen namentlich bezeichnet. ebd. p. 569. b. Praeterea etiam nostri Heinrici dies
anniversarius vigiliis et eleemosynis, Missarum solemniis, animarum
in memoriam revocetur. Donat. (1034) K. Konrad II. an Kirche St. Peter in
Worms Herrgott. Geneal. 2, p. 111. Eo scilicet tenore, ut in Anniversario
Domini mei Hemmonis et meo, Vigilias et missas Fratrum pro Commemoratione Animarum nostrarum celebrent. Donat. (angeblich 1065) an Kl. S.
Stephan in Würzburg. Schannat Vindem. 1, p. 54, Nr. 2. Eine ähnliche an.
1094 ibd. Nr. 3.

Pro anima filii sui Gausfridi clerici, ut eius anniversarium annuatim fiat,
cum signis sonantibus. Donat. (ant. a. 1070) Guérard Chartul. d. S. Père
d. Chartres 1, 203 seq.

Ea tamen — conditione, ut in anniversario patris nostri sollempniter ad
vigilias et missam animarum omnes conveniant, candelas in manibus
teneant. K. Heinrich V. (1111) an Speier, Remling Urkundb. 1, p. 88.

(VI. Kal. Jan.) Wicpertus comes filius fundatoris nostri, vigilias cum tribus candelis. Nekrol. d. Bend. Kl. Pergn (c. S. XII sez.) Menken. S. R.
Germ. 2, 120, cl. 2.

wird mit den fortschreitenden Jahrhunderten stets höher normirt.
Wie z. B. in folgenden Stellen:

Ideo praecipimus ut inde d u o c e r e i in a n n i v e r s a r i o ad vesperas deferantur, et per totam noctem claritas illorum ante altare videatur. Bestät. (917) K. Karl d. Einfält. an Kl. Compiegne. Bouquet. 9. 534. a.
Episcopi singuli 300 pauperes pascant et 30 denarios expendant et t r i g i n t a l u m i n a accendant. Don. K. Heinrich etc. (1005), Thiedmar. († 1018), Chron. ap. P. M. Germ. 5. 810. l. 19.

Die Anniversarien wurden mit mehr oder minder kirchlicher Pracht gefeiert, je nach der Grösse der Spende des Donators, sie wurden mit fünf oder bei minder freigebigen Wohlthätern nur mit drei Kerzen gefeiert.

Q u i n q u e c a n d e l a r b a ante altare accedantur, et huiusmodi fit de Abbatibus Monasterii, et eis Imperatoribus, vel Imperatricibus, aut Regibus,

---

Anniuersarius eius cum q u i n q u e candelis agitur. Cod. Hirsaugens. Bibl. d. lit. Verein in Stuttg. B. 1, p. 51.

Diepold Bischof v. Passau bedingt sich bei seiner Donation an das Kloster Formbach (1188) eine Sterbejahrtagsfeier mit Vigilien, Almosen und Messen. Pez, Thes. Anecdt. b. P. 2, p. 46, cl. 2. Abend- und Morgeng e l ä u t e wird bedungen. Diplom. Prülens. (1223) Mon. Boic. 15, 184. Anniversar-Stiftung mit Beziehung der zu verrichtenden Gebete. Donat. (1264) des Bisch. Otto v. Passau an St. Nicol. Mon. Boic. 4, 352. Bedingen sich einen Jahrestag mit Vigilien und Messen. Don. an Kl. Diessen (1251 — 1262) Mon. Boic. 8, 154.

E x s e q u i a s nobis peragant cum vigiliis — f l a g e l l i s r e c i p i e n d i s — und beim Anniversar „d a p e t u m q u e cum IIIlor c a n d e l i s ardentibus vespere et mane, ante altare praedictum more solito ordinetur." Donat. (1343) d. Bischof Konrad v. Chiemsee an d. Nonnenst. Nonnenberg Esterle Chron. Nonnenb. p. 221.

Von dem g e l ä u t t e unb von der grozzen glockken Sechzig pfenning — Unb um Wachs ze vier Kerzen ainhalb phunt. Stiftung (1339) des Kaplan Stuere an St. Stephan in Wien. Ogesser Beschreib. d. Metropolitankirche z. St. Steph. in Wien. app. pag. 42. cnf. Pez, Thes. 6. II. 310. cl. 2.

Ein eigenes Statut des Chorh. Stift. Ranshof ordnet (1277) genau das liturgische Verhalten bei Todesfällen der Chorherrn und der mit ihnen verbrüderten, darunter auch die Verordnung des G l o c k e n g e l ä u t e s. Ipsa vice fiat t r i n a c o m p u l s a c i o o m n i u m c a m p a n a r u m, ut etiam populus exterior audiens oret pro anima iam defuncti. Hanc consuetudinem pro mortuis, quamvis n o n invenerimus apud nostros fieri antecessores, nihilominus perspeximus esse bonam. Mon. Boic. 3, 342. cnf. Mabill. Act. S. Saec. III. praef. nr. 102. Binterim Denkw. 6. B. 3, 400.

Ein ererge gesungene Vigily mit vür Kerzen bei derselben ihr Grebnus; und wir sullen darzue gehen mit dem Rauch unb mit dem Weichbrunn—und des Morgens — ein gesungene Seelenmeß ect. Donat. an Kl. Weihenstephen (1405) Mon. Boic. 9, 517. cnf. Du Cange, Gloss. v. vigilia.

qui magnum quid contulerunt ecclesiae etc. — Et hoc secundum quod beneficia, ab illis quorum sunt anniversaria, ecclesiae collata fieri ordinata sunt. Bernard. (S. XI.) Ord. Cluniacens. ap. Hergott. Discipl. Vet. p. 272. Ea die qua aliquod magnum Anniversarium debet fieri de Rege vel Abbate. ibd. p. 278. In anniversario domini Herimanni praedecessoris nostri — quatuor—decentes cerei circa tumbam eiusdem Archiepiscopi—debent accendi— sed circa altaria provideri debent circa viginti duo luminaria. Donat. (1102) d. Bischof Friedrich zu Cöln. Kremer Origin. 2. p. 147. Commemoratio defunctorum de Linzila cum tribus luminibus et missa. Necrolog. Zwifaltens. (S. XII und XIII) ap. Hess. Mon. Gvelf. 250.

Je opher fol man geben ain phunt phenning vnd zwelf Aherzen fol man haben. Donat. (1290) Frast. St. B. von Zwetl. p. 292. Ut-octo talenta cere in nostro anniversario comparentur, de quorum quatuor fient quatuor candele que super nostrum sepulcrum ardebunt in anniversario memorato, de residuis quatuor talentas cere quadraginta fiant lumina singulis altaribus ardentia preponenda. Donat. des Abtes Heinrich von Fulda an dieses Kloster (1300). Dronke, Cod. Diplom Fulda p. 425. cnf. Anmerk. 35.

Nicht bloss auf würdige liturgische Ausstattung, ist man bei Stiftung der Anniversarien, sondern häufig auch auf Werke der Barmherzigkeit bedacht. Es werden Arme betheilt [36]) und die Glieder der

---

[36]) Rorius Bischof v. Passau gründet (870) das Kloster St. Justinae in Passau. Post meum decessum et in annuale vero meo pro remedium animae meae pascere debeatis inter Sacerdotes et Levitas numero quadraginta. In alio uero die, quod post annuale meum evenerit, volo atque instituo, ut reficiantur ibi in praedicto loco pauperes numero centum, et cum ipsis pauperes refecti fuerint usque ad saturitatem, laudem Deo referant, et praeficiant ad salutem pro animo mea. B. Pez Thes. Anedot. 6, P. 1, cl. 80 a, cl. 81 c.

Adhuc quoque statutum esse intelligite: ut quicumque sit archiepiscopus, in eodem cenobio semper prebendam ita plene sicut monachus unus habeat, que cottidie in refectorio fratrum super mensam principalem ponatur et postea pauperibus in elemosinam eius erogetur, et ut obitus et anniversarius eius cum missarum — ibi diligenter semper celebretur etc. Erzb. Ruthard v. Mainz bestätigt die Stiftung des Klosters Comberg (1090) Wirtemb. Urkundenb. 1. p. 286. Ut post obitum eius in anniversario deposicionis XXXVI panes cum totidem pulmentis pauperibus tribuantur. Donat. an Kl. Tegernsee (1091—1102) Mon. Boic. 6. 62. Porro in anniversario eius centum pauperes reficiendi sunt. Donat. Herzog Welfhard an Kl. Weingarten (1094) Wirtemb. Urkundb. 1, p. 303. Debetur igitur fratribus servitium in annivesario suo scilicet in natalitiis Apostolorum pauperibus vero tres modii silignis panis et perna sive bos, et tres urnae cerevisiae, et lumen de sevo per singulas noctes coram Reliquiis, quae sunt in sacrario Donat. (1093) Udalrichs Domherr v. Bamberg an das Capitel. Usserm. Episcop. Bamberg. app. p. 54, Nr. 52, s. folgende Anmk. Als in Kl. Reichenau der

bestifteten Körperschaft, auf dass sie desto eifriger für die Seelenruhe des Hingeschiedenen beten mögen [27]), an diesem Tage reichlicher als an gewöhnlichen mit Trank und Speise erquickt.

Es wird eine ungewöhnliche Speise, Fische, Weissbrod, Semmeln, Kuchen, Krapfen [28]), Bier, Wein, vom besten aus des Abtes

---

Mönch Heinrich gestorben war, verordnet der Abt Berno, dass während 30 Tagen Messe etc. gelesen, und in p r i m a die pascantur pauperes C in t e r t i a. CC in s e p t i m a CCC in t r i c e s i m a CCCC, ut huius m i l l e n a r i a e prefectionis summa ibi fiat remissio ect. Pez Thes. Anecdt. 6, P. 1, 209 b.

[27]) Ea scilicet ratione, ut abbas ipsius loci, in o m n i meo anniversario, meeque conjugis, r e f e c t i o n e m ibidem Deo famulantibus fratribus faciat, ut eo l i b e n t i u s ipsi fratres pro redemptione nostra ad Dei aures pulsent. Donat. (c. 1084) an d. Kl. St. Bertin. Guérard Chart. d. l. Fr. 3, p. 201.

Jd) befeßen ouch den Monchen van Senne hundert marc, da mide fi ein gût gelden — inde min inde mines herren inde unfer vorvaren defte baz debenken. Testam. d. Gräf. Mechth. z. Sayn (1283) Höfer Ausw. deutsch. Urk. p. 30.

[38]) Hac uero condicione — u n i c u i q u e anno post — migrationis nostrae tempus — celebretur — cum ieiunio diuinisque orationibus, in psalmodiis et missarum caelebrationibus, seu etiam in r e f e c t i o n e fratrum in cibo et potu. Don. (798 [?]) d. Herz. Öswulf, Kemble Cod. Dip. Anglos. 1, p. 212. Ähnliches in Donat. (884) K. Karlomann an d. Kl. S. Crispin zu Soissons. Bouquet 9, 438 c. Donat. (824) ibd. 6, 661. (836) r. 674. p. ibd. (859). 8. 559. a. cnf. Anmk. 40. Sed his in annis singulis — dum viveret, post obitum autem suum in a n n i v e r s a r i o eiusdem, cum s u f f i c i e n t i a quae inibi inveniri valet, monachis, familiaeque sancti Galli m i n i s t r e t u r. Don. (982) Eginolfs Bisch. v. Lausanne an d. Kl. St. Gallen Neug. Cod. Alem. 1, 626. Praeter haec in a n n i v e r s a r i i s quibusdam, id est in die obitus m e i, et filii mei Conradi Episcopi, et f i l i i mei Henrici, p a u p e r e s et c a n o n i c o s eiusdem loci charitative reficiat. Donat. (1036) Ulrich Graf v. Lenzburg an d. Kl. Berenmünster, Herrgott Geneal. 2, p. 112. In ipsius A n n i v e r s a r i o XV Similis et dimidia vini urna annuatim. — Donat. (1113) an d. Kl. S Stephan in Würzburg. Schannat Vindem. 1, p. 69, Nr. 31. cnf. ibid. Nr. 32. (1133) ibid. p. 75, Nr. 47 ect. Statuimus praeterea, ut post mortem nostram in a n n i v e r s a r i i s obitus nostri diebus de his — s i n g u l i s annis, toti sanctimonialium congregationi ab abbatissis s o l l e m p n i s et f e s t i v i o r Karit a s in mensa amministretur. Donat. (1188) d. Erzb. Albert. v. Salzburg, Esterle Chr. d. St. Nonnberg p. 209. P l e n a m c e n a m, ea videlicet die, ministrando. Donat. (c. 1190) an d. Kl. Formbach, Mon. Boic. 4, p. 89. Toti Conventui nostro albus panis, et vinum et unum speciale f e r c u l u m, secundum qualitatem temporis cotidiane prebende s u p e r a d a t u r. Cod. Trad. Weihenstephen ap. Mon. Boic. 9, 488. Idem b o n u s h o m o (ein Fischer) dedit nobis ect. — ut post obitum suum p i s c e s

Fässern [39]), kurz es wird eine splendide Tafel [40]), so gut sie nur

nobis supperaddantur — cuique fratri poculum vini et albus panis ministretur. Don. an d. Kl. Scheftlarn (1218—1239) Mon. Boic. 8, 495. Haec autem ea conditione fecimus, ut diem anniversarium nostrum singulis annis totus conventus commemoret, habiturus eadem die de proventibus praediorum — servitium in refectorio in memoriam animae nostrae, nec non et animarum parentum nostrorum. Donat. (1223) Otto's, Herz. v. Meran, an Kl. S. Michael in Bamberg. Usserm. Episc. Bamberg. app. p. 144.

[39]) Ut in festo St. Georii fratribus — potus daretur, post obitum autem eius in anniversario die id ipsum persolveretur. Donat. Bruno's Bischof v. Bamberg an d. Benedict. Kl. Weihenstephen (1147—1156), Mon. Boic. 9, 424. vnd des selben tages so sol man ieglichen herem — aein prot geben von semelen baz eines phenninges wert sei vnd die besten vische die man vinden mak drev stückche vnd des besten weines der in des aptes cheler lit di mereren mazze vnd einen chraphen der erlich si als man si von alten dingen in der Chvnnringer hof hat gegeben. Donat. (1281) an d. Cisterz. Kl. Zwetl, Frast, St. B. v. Zw. p. 229. cnf. Donat. 1309 ibid. p. 378, p. 416. Ut de praefatorum reddituum pecunia — fratribus in Die Cholomani quamdiu vixero, post obitum vero meum in die Anniversarii mei debeat servitium in similis et vino meliori et piscibus ministrari. Otto de Foro Donat. an d. Kl. Heiligenkreuz (1264) Pez, Thes. Anecdt. 6, P. 2, 111, cl. 2. ober ein guet schuzzel gruenen vischen geben — vnd dev groezzer mazze guetes weines aus des aptes chelr, nach den besten vier vazzen die in seinem cheler sint. Donat. (1331) Frast St. B. d. Cist. Kl. Zwetl. p. 679. Konrad von Tuzzingen „Kunich von Rom Marstaller Maister" bedingt in seiner Donation an Kloster Bernried (1316) Man sol auch den Herrn die bey den Missen vnd bey den Vigilien gagenwurtenlichen sint — acht Weilhaimer masse gutz wälsches Weines, vnd des Morgens aucht acht Masse gutz wälsches Weines, vnd ze ietwedern mahl einen vollen vnd ganzen Dienst, mit Prot vnd von Chuchin. Mon. Boica 8, 228. cnf. ibd. p. 229.

Festage haben die Randnotiz: „Vinale" Necrol. Geervlitensis (S. XIV seq.) ap. Hoynck van Papendrecht Anlect. Belg. T. 2, 6, 2, p. 161. cnf. Du Cange v. vinaticum. Verzeichniss der Tage, an welchen aussergewöhnliche Kost und Spenden etc. verabfolgt werden. Frast St. B. d. Cister. Kl. Zwetl. p. 476 — 484. Das Vorwort berichtet, dass mehrere Wohlthäter solche Festgaben gespendet, und entschuldigt gewissermassen den Tafelaufwand, „abbates autem licet contra formam regule que de duobus aut tribus pulmentis loquitur remota omni crapula, tamen propter labores ordinis, que in summis festiuitatibus, cantando, vigilando et ieiunando solent fieri difficilius admiserunt, vt seruicia in conuentibus omni tamen superfluitate, aut inordinatione, risibus ineptis, aut iocis superfluis cachinnis vaniloquiis — cum timore domini ministrentur. ibd. p. 476. Doch

immer zu beschaffen ist[41]), den Mönchen getischt. Selbst Ä b t e um sich eine desto eifrigere Begehung ihres Anniversar von Seite der Mönche ihres Klosters zu sichern, machen ähnliche Stiftungen [42]). So wird die Todtenfeier zu einem Freudenfest [43]).

---

ein solches Aufbessern der gewöhnlichen Mahlzeit wurde häufig Veranlassung zu einer des Standes-Ernst verletzender Heiterkeit; die Statuten der Kart-thäuser verbieten daher das Abhalten der Jahresfeier des Sterbetags: nec cu-jusquam Anniversarium ex more facient. Audivimus enim — plerosque toties s p l e n d i d e c o n v i v a r i, Missasque facere paratos, quoties aliqui pro suis eis voluerint exhibere defunctis. Quae consuetudo et a b s t i n e n t i a m tollit, et venalis facit orationem etc. Guigo. († 1137) Stat. Ord. Carthus. Holsten. Cod. Reg. 2, 325, cl. 2.

[40]) Statutum etiam in eodem capitulo est et confirmatum, ut semper in die a n n i v e r s a r i i nostri s p l e n d i t a refectio paretur fratribus. Udo Abt d. Bened. Kl. S. Peter in Chartres stiftet einen Jahrestag für sich, Guérard Chart. d. S. Père d. Chart. 2, 391, 557. annis s i n g u l i s die consecrationis nostrae congregationi ejusdem Ecclesiae et Monachis — una refectio n o b i-li t e r praeparetur, et h o n o r i f i c e exhibeatur. Post nostrum quoque ex hac vita discessum, d i e s a n n i v e r s a r i i nostri cum precibus et obla-tionibus M i s s a r u m devotissime recenseatur, et haec eadem r e f e c t i o eisdem congregationibus absque aliqua relaxatione administretur. K. Karl. d. Dicke (885) an d. Hochstift Langres Bouquet Recl. 9. 34 ¼. e. cnf. ibd. 346, 6. Ut huic celebrationi d e v o t i u s possint intendere, in praenomi-natis diebus r e f e c t i o n e c e l e b r i consolentur, et quod pauperibus col-lectis s i l i g n i s modii tres, c a s e i 50 et c e r e v i s i a ad hec sufficiens erogetur. Donat. (1210) d. Erzb. Eberhard v. Salzburg Chron. Nov. S. Petri p. 256, cl. 1.

[41]) Anniversarius quoque eius celebretur — et praeparetur eis r e f e c t i o ipso die, quantumcumque m e l i o r esse potuerit. K. Karl d. Einfält. bestät. (917) die Stiftung seiner Gemahlinn, Bouquet 9, 535 c. in c i b a r i i s e t p o t i b u s, q u a n t o m e l i u s p o s s i t h a b e r i fratribus exhiberetur. Do-nat. (1230) an d. Kl. Formbach Mon. Boic. 4, p. 90.

[42]) S e m p e r i n a n n i v e r s a r i o obitus mei et antecessorum meorum abbatis Roderici et abbatis Bovonis, plenissima carita s v i n i atque unius ministrationis p i s c i u m detur a preposito ville Kelonis, nihil detracto ex rectitudine co-tidianae ministrationis. Donat. (1075) des Abtes Heribert v. St. Bertin an sein Kloster, Guérard Chartul. d. l. Fr. 3, 195. Unter Mehrem bestätigt (1223, 30. März) Papst Calixtus II. dem Kl. S. Bertin auch die v. Abt Lambert gestiftete, an dessen Sterbetagsfeier den Mönchen und Armen zu verabreiehende Refection. Refectionem preterea, quam fratribus monacis et pauperibus in tuo a n n i-v e r s a r i o tribuendam constituisti etc. ibd. 3, 263, statuerim a n n i v e r-s a r i u m meum s i n g u l i s annis fieri, die quo ex hac luce me migrare in-tulerit jussio Domini. Fuerunt insuper quidam probi homines, qui bonis suis

Mit diesen Donationen zur feierlichen Begängniss des Anniversar verbinden sich häufig Schenkungen zur Erlangung eines
Grabes, denn der Wunsch lag nahe, dass an demselben Orte an
dem gottgeweihte Lippen für das Heil der Seele beten, auch der
Leib seine Stätte finde[44]). Manche stiften zu diesem Zwecke

---

ecclesiam beati Bertini eatenus ampliaverunt, ut anniversaria sua sibi
a fratribus concedi et inconvulsa stabiliri promerentur. — Distinxi igitur ad
meum anniversarium sexaginta solidos, unde habebit conventus generale
piscium et vinum cum braceolis etc. Donat. (1162—1163) d. Abt
Leo an d. Kl. S. Bertin. ibd. 3, 329.

[43]) S. Anmk. 39.

[44]) Donamus ad monasterium sancte Dionysii, ubi ipse preciosus domnus in corpore requiescit, et ubi nos sepeliri cupimus. Donat, K. Dagobert I. (635)
an d. Kl. St. Denis. Pardess Diplom. 2, p. 32, Nr. 269. Der h. Audomar
Bischof v. der Thérouennais bedingt sich (662) v. den Mönchen v. Saint-
Omer „ut — corpusculum meum, post obitum meum ibidem depositus deberet inter ipsorum corpuscula monachorum — et ipsi fratres, de quibus-
libet locis, in praefata insula corpus meum adducere, et ibidem re-
condere debeant. Folquin. Chartul. Sithiense. Guérard. Coll. d. Cartul. d.
France 3, p. 16.

Comes Autbertus pro remedio animae suae ac loco sepulturae — vir nobilis Tebaldus pro loco sepulturae — dedit etc. K. Karlomann Bestät. (884)
an Kl. St. Germain zu Auxerre. Bouquet 9, 436 d. cnf. ibd. p. 474 d. Haec
est pars quam supradicti Milites propter sepulturam elegerunt. Donat.
(1060) Baluz Hist. Tutel. cl. 415. K. Kunigunde macht (915) mit Bewilligung
ihres Gemahls K. Konrad I. eine Stiftung an Klost. Lorsch. pro aeternae remu-
nerationis augmento, nec non et corporis ejus sepultura. Cod. Lauresham
1, p. 112. Donat. (1042) Marten. Thes. 1, 168 e.

UDALRICUS WALPOTO — qui cum adhuc viverit cum fratre suo ADE-
LOLDO disposuerat — ut post obitum suum sepulturam ibidem ipsi conse-
queretur, et fratres devotius in communicatione orationum et eleemosynarum
suarum eius memoriam haberent, (ante a. 1123) Usserm. Epis. Bamberg.
app. p. 72 Nr. 75. Karolus de Smalenahe — primus inter laicos hunc locum
dotavit, sibique sepulturam inibi procuravit. Donat. (1125) an Kl. Michel-
feld. Usserm. Episcop. Bamberg. app. p. 76, Nr. 81. Eo videlicet tenore, ut si
ipse aut uxor sua hanc vitam prior mutaverit nostro in loco sepulturae tra-
datur. Superstes vero societatis nostre fraternitatem sorciatur. Donat.
(c. 1165) an Kl. Baumburg. Mon. Boic. 3, p. 63. Pro remedio anime sue et pro
sepultura contulit. Donat. (c. 1200) an d. Chorh. St. Reichersberg. Urkundb.
d. Land. ob d. Enns 1, 406. Nos vero versa vice dedimus ei comunionem
Ecclesie et ad petitionem ipsius sepellivimus eum in cimiterio nostro Ort. Donat. (c. 1200) an d. Chorh. St. Reichersberg ibd. 409, Nr. 247. Bischof Heinrich v. Seckau wählt seine Grabstätte in dem Cistercienser Kl. Zwetl (1243)

42

Klöster[45]). Andere, von lebenbedrohlicher Krankheit überrascht, flüchten in ein Mönchsgewand, lassen sich in ein Kloster bringen um dort Genesung oder ein Grab zu finden [46]).

Frast, d. Stift. Buch v. Zwetl p. 117. Man bedingt eine Grabstätte in der Mitte des Kreuzganges. In media parte nostri ambitus qui lectio dicitur, debemus honorifice sepelire. Donat. an das Cistercienser Kl. Fürstenfeld (1289) Mon. Boic. 9, 107.

[45]) Ethelwaldus filius Oswaldi regis, († 670) — postulavit eum *(Cedd. Episcopum)* possessionem terrae aliquam a se ad construendum monasterium accipere, — et defunctus s e p e l i r i deberet. Nam et seipsum fideliter credidit multum iuvari eorum orationibus quotidianis qui illo in loco Domino servirent. Beda. Hist. Eccl. L. 3, c. 23. S. Amandus verordnet (675) in einem Codicill, dass er nach seinem Hinscheiden in dem von ihm erbauten Kloster (später S. Amand genannt) begraben werde: ut c o r p u s c u l u m meum in ipso monasterio quod superius diximus Elnone, inter illos fratres r e q u i e s c a t ubi jam nos ad ipsos fratres et corpore et anima commendavimus. Pardess. Diplom. Gall. Franc. 2, 166. Johann I. Bischof zu Speier stiftet (1100) die Abtei zu Sinsheim „ob mee meorumque patris et matris aliorumque meorum ibidem s e - p u l t o r u m, Remling, Urkundb. Speier. 1, p. 69.

[46]) Infirmitate corporis — tactus, diligenter animae suae detrimentum timens — petivit ut quidam monachus noster Gausfridus, qui tunc forte aderat — seque absolvi facerent et ad c o e n o b i u m s e p e l i e n d u m deferend. Guérard, Chart. d. S. Père d. Chartres 1, 153.

Ipse tamen animam intra pectus m o r i b u n d u m retinens, suis fidelibus et conjugi sussit, ut corporis sui g l e b a m ad c o e n o b i u m p o l i a n d r o fratrum mandandum deferentum. Donat. (1081) ibd. 1, 233. Corporis egritudine preventus, ad m o n a c h a t u s remedium in hoc nostro m o n a s t e r i o confugit, et nobis pro salute anime sue, plurima — contulit. Quo facto, sequenti die, eodem ingravescente incommodo, defunctus est. Donat. (1102—1144) Guérard, ibd. 2, 299. cnf. ibd. p. 306. Mater Raimundi — quando cecidit in i n - f i r m i t a t e qua m o r t u a est, facta et m o n a c h a — et deportata est apud Tutelam cum maximo comitatu. Donat. (1103) Baluz, Hist. Tutel. cl. 449.

Praedictus Berthous iam confectus aetate — tactus infirmitate ad F u l d a m se t r a n s f e r r e postulavit oblatisque p r a e d i i s suis — h a b i t u m religionis suscepit sicque m i g r a n s ad dominum a n t e f o r e s monasterii i n t r a claustrum s e p u l t u s. Donat. an Kl. Fulda (1128) Dronke Cod. Dipl. Fuld. p. 380, Nr. 780; cnf. ibd. p. 402, Nr. 817; cnf. Mabil. Act. S. VI. P. 1, praef. p. 43. Eine hieher zu ziehende Erzählung bei Caesar Heisterbach († p. 1227) Dial. 1, p. 63, edt. Strange. etc.

Cum esset in e x t r e m i s eligens s e p u l t u r a m in Coenobio. Donat. (c. 1190) an d. Chorh. St. Reichersberg, Urkundb. d. Land. ob d. Enns. 1, 410.

Hartnit de Vrowenhoven in extremis positus gravissima est infirmitate detentus. Igitur m o r t e m v e h e m e n t e r t i m e n s — predium — sancto Stephano

Da in einer so kriegerischen fehdelustigen Zeit viele der Tapfern fernab der Heimat der Todesstreich erreichte, so bedingen sich manche in ihrer Donation, dass, im Falle sie zehn, zwanzig, dreissig Meilen, einige Tagreisen, oder wo immer „in orbe Romano" fern ihrer bestimmten Grabstätte sterben sollten, die Mönche ihre Leiche auf des Klosters Kosten herbei zu bringen und bei sich bestatten zu lassen, gehalten sein sollen [47]).

delegari rogavit quod illic s e p u l t u r a m habere debuit. Donat. an Benedict. Kl. Weichenstephen (1177—1182) Mon. Boic. 9, 478. Zuweilen bereute man nach Wiedergenesung solche in Sterbensangst einem Kloster gemachte Donation (an. 1171) Hormayr, Geschichte Wiens 1, Hft. 3, p. XXX etc.

[47]) Donat. (1163) Eichhorn, Episc. Curiens. app. p. 58, Nr. 52. Homines suos, qui secum erant Ratisponae, rogavit *(Marchio Guntherus de Hohenvvarte)* ut eum m o r t u u m ad Locum nostrum transferent — Homines ejus mortuum eum per Danubium ad Anesim transtulerunt, ibique fratres nostri eum suscipientes ad Locum nostrum m u l t o l a b o r e et i m p e n s i s deportaverunt. Donat. an Kl. Admont (ante 1165) Pez, Thes. Anecdt. 3, P. 3, 775 d. seq. Ut ubicunque terrarum in O r b e R o m a n o, t r e s illos fratres pro humane orbito condicionis — et dies extrema invenerit, nostro si opus fuerit labore apud nos s e p e - l i e n d i deferantur. Donat. an Kl. Wessobrunn (c. 1172—1200) Mon. Boic. Compromissum etiam est eis apud conventum nostrum, quod ad Ecclesiam nostram ad s e p e l i e n d u m per conductum laborem nostrum deferri debent, si in tale vicinitate vitam finierint. Donat. an d. Kl. Diessen (1254) Mon. Boic. 8, 154. Compromiserunt etiam ut ubicunque infra terminum t r i g i n t a m i l i a r i u m morti sua iura exsolverimus, n o s et corpora predictorum s u c c e s s o r u m ad locum Ecclesie in Pollingen deferantur, et Ecclesiastice s e p u l t u r e tradantur. Donat. (1271) ibd. c. 10, p. 56. Otto de Foro um desto wirksamer des Gebetes der Heiligenkreuzer Cistercienser theilhaft zu werden, und „utpote C o n f r a t e r eorum Ordinis existerem" verlangt bei ihnen eine Grabstätte für sich, bedingt zugleich, dass wenn er auswärts sterben sollte, die Heiligenkreuzer gehalten sein sollen, seine Leiche auf ihre Kosten herbeischaffen zu lassen (1264). Pez, Thes. Anecdot. 6, P. 2, 111, cl. 2. Dietmar's v. Paumgarten Dotation an das Kl. Heiligenkreuz (1284). Debent quoque praedicti Abbas et Conventus ex huius pacti debito, postquam ipsis mors nostra fuerit nuntiata, per seipsos, et v e c t u r a m suam propriam, u b i c u n q u e i n f r a t e r r a e i p s i u s l i - m i t e s, inventus fuero, corpus meum recipere cum panno bono pro funeris o p e r t u r a, et secundum status mei decentiam honoremque monasterii in s e p u l c h r i s p a t r u m meorum honorifice sepelire. Pez, Thes. Anecdt. 6, P. 2, 146, cl. 2. Si Saxo filius meus moriatur in r e m o t i s terrarum spatiis, ad terram nativitatis reportetur Owensi Ecclesie, Garzensi Monasterio suffragante, u n i u s [?] libre Ratispon. tantum pretio. Donat. (1287) an

In manchen der Überlebenden regte sich das Verlangen dort wo einer ihrer Angehörigen seine Ruhestätte gefunden sich auch die ihre zu betten. Die sich im Leben nahe gestanden, wollten sich auch nach dem Tode wenigstens in Einem Grabe vereinigt wissen. Der Sohn wollte nach dem Leben an der Seite des hingeschiedenen Vaters, die Gattinn an der des verstorbenen Gatten ruhen[48]). Es entstanden F a m i l i e n-

---

d. Chorh. St. Au. Mon. Boic. 1, 230. cnf. Dronke Tradt. Fuldens. p. 148, c. 70. Quod cum vitam vite huius finierit, infra t r e s r a s t a s per p l a u s t r u m cenobii Ecclesie presentis et honorifice sepeliatur, et orationibus, et communione Fratrum coadunetur. Donat. (S. XIII?) Mon. Boic. 1, p. 201. In einer Dotation an d. Kloster Bernried (1316) bedingt man sich: bie fulen mid) Chunrat ben Cuzinger, Maechthilb mein Hauffraw unb unfer Chint, bie ber Begrebbe bei in gerent, haimen nad) ben Tobt inner jeben Meilen von Bernriet — unb mit ir aigener Coft bestatten. Mon. Boic. 8, 350. cnf. Kemble, The Angl. in Engl. 1, 35 ff.

48) Ubi sepulturas nostras ibidem habimus recondetas. Donat. (690) Vandemir's u. seiner Gattinn Ercamberta. Pardess. Dipl. Gall. Franc. 2, 210. cnf. ibid. p. 212. Prouidens ubi corpusculum meum condi deberet, nihil melius arbitratus sum nisi ibi sepulturae traderetur ubi iam pristino tempore p a r e n t e s meos sepultos esse omnibus constat. K. Eadberth (761) Kemble, Cod. Dipl. Anglosax. 1, p. 131. XIII Kal. (Jul.) LUDOVICUS REX Junior (882). Hic in Winheim Hubas III ex toto tradidit sibique S e p u l - t u r a m iuxta P a t r e m in Ecclesia Elegit. Nekr. d. Kl. Lorsch Schannat Vindem 1, p. 35. cnf. P. Mon. Germ. 1, 588, l. 3; p. 592, l. 33; p. 895, l. 5. Manche hatten ihre Familiengräber in Ordenshäusern strenger Observanz, in denen kein weibliches Wesen, selbst als Leiche, die Pforten des Klosters überschreiten durfte. Eine Witwe aber, die nicht darauf verzichten wollte nach ihrem Tode an der Seite ihres Gatten zu ruhen, liess, um der Erfüllung ihres Wunsches nicht jede Ermöglichung abzuschneiden, die Leiche ihres hingeschiedenen Gemahls nicht in das Familien-Grab, sondern in ein Kloster beerdigen, dessen Mönche minder rigoros Frauen eine Grabesstätte in ihren Grüften gestatteten. Cumque corpus ejus — in Sithiu monasterio, juxta p a t r e m suum (Balduinum Ferreum), vellent tumulare (918), u x o r ejus, nomine Elftrudis, cupiens cum illo pariter in uno cimiterio concinerari, Gandavo, in monasterio Blandinio, fecit tumulari. Necdum enim licitum erat cuiquam feminarum sancti Bertini ingredi monasterium. Folquin. († 975) ap. Guérard Chartul. d. l. Fr. 3, 140. Dot. an d. Kl. Tegernsee (1068—1098) Mon. Boic. 6, 48. cnf. ibd. p. 79. Herzog Heinrich II. v. Österreich dotirt nochmals das Schottenkl. in Wien (1161), welches er zu seiner und seiner Nachkommen Ruhestätte wählt. Hormayr, Gesch. Wiens 1. Hft. 3, p. XXVII seq. Donat. (c. 1185) an d. r. Chorh. St. Nicol. zu Passau, Mon. Boic. 4, p. 266. Mon. Boic. (1266) 10, 251. (Eine bemerkenswerthe Urkunde wegen der Clausel des Verhaltens für den Fall

gräber. Selbst in der Fremde verstorbene Glieder brachte man von ferne her zur Bestattung in das Grab der Ahnen 49).

Die Pietät der Nachkommen gegen Ältern und Vorvordern 50),

---

der Excommunication des Spenders.) Hartnid v. Lichtenstein „ubi caeteros meos progenitores locum elegi sepulturae. Dotation an d. Kl. Heiligenkreuz (1277) Pez Thes. Anecdt. 6, P. 2, 131, cl. 1.

49) FRIDERICUS de Barcsten — cuius parentes plurima monasterio S. Michaelis beneficia contulerunt, et plerique eorum ibidem locum sepulturae sortiti sunt, cum germani sui (in) Mediolanensi expedicione defuncti ossa exinde portata in sepulchro patris sui in eodem monasterio reconderet, Donat. (1163) an d. Kl. S. Michael in Bamberg. Spies Aufklär. p. 226. Heinrich v. Richolstorf, der in der Fremde gestorben war, machte letztwillig eine Donation (1218—1239) an das Kl. Scheftlarn, auf dass seine Leiche in der Gruft seiner Ahnen bestattet werde, Mon. Boic. 8, 496. cnf. Anmk. 46. Hugo de Liechtenvels und seine Söhne (1266), Frast, St. B. d. Cist. Kl. Zwetl p. 358. Hadmar de Schoenberch (1289) ibd. 393 etc. Sed et ibidem elegimus sepulturam, quia omnes nostri progenitores illic requiescunt. Donat. (1278) Otto d. ält. Graf v. Eberstein an d. Kl. Herrn-Alb. Mone, Zeitschft. f. d. G. d. Oberrheins 2, 111.

50) Ubi dominus et avus noster Arnulphus in corpore requiescit. Donat. (691) d. Majordomus Pipin. Pardess. Diplom. Gall. Franc. 2, 213. ubi corpora parentum nostrorum quiescunt. Donat. (757) K. Eanberht, Kemble Cod. Dipl. Anglos. 1, 123. Uhtred (764—775) ibd. p. 155. Aethelric (804) ibd. p. 227. Karl d. Gr. macht (769) an d. Kl. St. Denis, wo sein Vater begraben und K. Karl selbst sich bestatten zu lassen gedachte, eine Stiftung ubi domnus et genitor noster Pippinus Rex requiescere videtur, et nos, si Deo placuerit, sepelire cupimus. Bouquet Recl. 5, 712 a. sed sicut nos singula rem curam, quia ita praedecessores et progenitores excellentiae nostrae habuisse compertum est, quam inibi pia sepultorum corporum amplectitur eorum memoria, nos etiam inde habere videmur, etc. Ludw. I. Bestät. (832) an Kl. St. Denis, Bouquet Recl. 6, 581 a. in quo etiam praefati domni ac genitores nostri divaeque memoriae corpus constat esse sepultum. Donat. (842) Karl d. Kahlen an d. Kl. St. Arnulf zu Metz. Bouquet Recl. 8. 430 b. ob amorem Dei et emolumentum inimae genitoris nostri ac genitricis nec non et dilecti fratris nostri Hludovici Imperatoris, fratris etiam nostri Caroli quondam piissimi Regis, cujus ibidem corpus sepulturae traditum est. Donat. (863—864) Lothar II. an d. Kl. St. Peter zu Lyon. Bouquet Recl. 8, 408 d. ad eandem Ecclesiam in qua corpus domini genitoris nostri divaeque memoriae constat esse sepultum. Donat. (875) K. Ludwig II. an d. Kl. St. Arnulf zu Metz, Bouquet Recl. 8, 424 d. nec non pro recordatione atque requie patris Heinrici Bavariae Ducis animae cuius ossa requiescunt in eodem monasterio. Donat. (1021) K. Heinrich II. an Kl. Gandersheim Scheid. Orig. Guelf. 4, 467. (cnf. ibd. p. 453). Donat. (1034) K. Konrad II. an die

die Zärtlichkeit des zurückgebliebenen Ehetheils [51]), die der Eltérn gegen vorausgegangene Kinder [52]), des Bruders für den hingeschie-

Kirche St. Peter in Worms, Hergott Geneal. 2, p. 111. ob mee meorumque p a t r i s et m a t r i s aliorumque m e o r u m ibidem sepultorum anime remedium. Bischf. Joh. v. Speier (1100) stift. Abt. Sinsheim, Act. Theod. Palat. 3, p. 277. praesertim quia p a t e r meus adhuc viuens locum sepulturae ibidem sibi elegit. Donat. (1107) ap. Marrier Bibl. Cluniac. cl. 540 a. Donat. (1108) an d. Kl. St. Michael in Bamberg, Schannat Vindem. 1, p. 47, Nr. 18. Donat. (c. 1130) an Kl. Formbach, Mon. Boic. 4, p. 52. pro remedio animarum scilicet dilectissimi p a t r i s nostri, beate memorie Chuonradi imperatoris augusti ac amantissime nostrae g e n i t r i c i s Gisile auguste — ecclesie Spirensi — in qua corpora patris nostri m a t r i s q u e c o n s e p u l t a remanent. Donat. (1046) K. Heinrich III. an Domkirche zu Speier; Remling Urkb. v. Speier 1, p. 34. cnf. ibd. p. 35, 37, 39, 41. Donat. (1080) K. Heinrich IV. ibd. p. 57. Donat. (1155) an Kl. St. Stephan in Würzburg, Schannat Vindem. 1, 79. pro remedio anime uxoris sue ibidem s e p u l t e. Donat. (c. 1180) an Kl. Reichersberg. Urkundb. d. Land. ob d. Enns 1, 387, Nr. 196. Herzog Heinrich II. v. Österreich bestätigt (1162) dem Chorherrnstifte Klosterneuburg „ubi requiescunt in Christo carrissimi p a r e n t e s nostri" Privilegien. Fischer, Gescht. v. Klosterneuburg 2, 148. Leopold V. (1182) ibd. p. 159.

Pro remedio animae meae, et p a r e n t u m meorum— quidem ibidem s ep u l t i erant. (1207) Diplom. Sacr. Ducat. Styr. 1, 188. cnf. Mon. Boic. 3, 307, 277, 307, 366. ad hoc, ut ipsi studiosius et cum majore devocione a n n i-v e r s a r i o s, tam patris, tam patrui nostri recolant et ordinent celebrari. Donat. (1213) K. Friedrich II. an Domk. zu Speier als der Grabstätte seines Vaters, Oheims und anderer kaiserlicher Vorgänger. Remling, Urkdb. 1. 148. (1225) ibd. p. 175. K. Alphons (1257) ibd. p. 274, Otto Herz. v. Meran ertheilt Begünstigungen den Mönchen von Lankheim (1244) mit der Bedingung, dass sie „ad prefatorum patris matrisque nostre s e p u l c r a, dum m i s s a r u m sollempnia celebrantur, d u o cereorum luminaria honesta jugiter procurare non omittant. Hormayr's Werke 3, 458.

⁵¹) Ubi nobilis mulier domina Perchta mea c o n i u x, et quam plures ex meis P a-r e n t i b u s sunt sepulti. Donat. (1237) an d. r. Chorh. St. St. Nicol. z. Passau, Mon. Boic. 4, 336.

⁵²) Baselicae Sancti Sinfuriani, in qua **n**nae recondacionis f i l i u s meus Deorovaldus requiescit freno valente sol. duodece etc. Testam. (700) Erminethrudis, Pardess. Dipl. Gall. Franc. 2, 256. noster ministerialis Berngoz — apud nos sepultus est. pro cuius anima p a r e n t e s eius mansum — o b t u l e r u n t. Donat. (1114) Dronke Cod. Diplom. Fuldensis p. 376, Nr. 772. cnf. ibd. p. 382, Nr. 784; p. 393, Nr. 799, 807, 825.

Calendis Decembris obiit Betleem quidam de H u n g a r i a, pro quo pater ejus et mater dederunt ecclesiae nostrae pretiosa ornamenta, Nekrol. d. Sainte-Genev. de Paris. Gallia Christ. 7, cl. 724 a. Donat. an Kl. Garsten, Urkundb. d. Land. ob d. Enns 1, p. 165, Nr. 139. Donat. (c. 1220) an Kl. Ranshof, Mon. Boic. 3, 283.

denen Bruder [53]), veranlasste häufig die Überlebenden, die Stätte an
welcher ihre Lieben der Auferstehung entgegenharren [54]) mit reichen
S p e n d e n zu bedenken. Man dotirte zur Erhöhung der Feier des
Anniversar der dort begrabenen Familienglieder, oder stiftete ein
sogenanntes e w i g e s L i c h t, eine Lampe die bis zum Tag der Tage
treu unverlöschlich in ihres Grabgewölbes Dunkel dämmere [55]).

---

[53]) Pro animae remedio et f r a t r i s mei Roberti et u x o r i s s u a e Rotrudis, quae
in eodem monasterio i n h u m a t a jacet. Donat. (844) Baluz hist. Tutelens.
cl. 312. cnf. ibd. cl. 313, cl. 1 (an. 856). Donat. an Kl. Wessobrunn
(1160—1166), Mon. Boic. 7, 354. Donat. an Kl. Reichersberg (S. XIII), Urkund. d. Land. ob d. Enns. 1, 401, Nr. 231; p. 406. Nr. 242.

[54]) Atque pro salute et memoria parentum nostrorum, quo ibidem j u d i c i s
a d v e n t u m praestolantur. Donat. (1138) an d. Kl. S. Ghislain, Gall.
Christ. nov. 3. App. cl. 2.

[55]) Bertramnus Bischof v. Mans verordnet in seinem Testamente (615), dass
man für das Licht bei seinem Grabe Sorge trage. Pardessus Diplom. Gall.
Franc. 1, p. 213 et 214 de cera valente solidos V persolvat, ut specialiter
l u m e n ad altare, ante quod pater jam dicti abbatis Hunrocus t u m u l a t u s
noscitur esse, nullo u m q u a m d e s i t tempore. Dont. (853) an d. Kl. St.
Bertin, Guérard Chart. d. l. Fr. 3, p. 93. K. Karl d. Kahle stiftet (863)
für den Altar, bei dem er seine Grabstätte sich wählte, ein ewiges Licht
ante altare quod Gazofilacium vocatur, ubi s e p u l t u r a m nostram dispo-
suimus — l a m p a s una — exinde ardeat, ut Sanctorum meritis ac fratrum
ipsius Monasterii devotis orationibus l u x nobis p e r p e t u a luceat. Dont.
(862) K. Karl d. Kahle an d. Kl. S. Denis, Bouquet Recl. 8, 579 e. seq.
cnf. ibd. p. 582 e. Conventione igitur facta, ventum est ad c i m i t e r i u m,
ubi semper ardent l a m p a d e s. Chron. Virdunens. (S. XI) ap. P. M. Germ.
6, 83, cl. 1, l. 43. de quibus continuum l u m e n ad sepulchrum praedicti
Domini Meinwerci Episcopi providatur. Donat. (1048) d. Bisch. Rotho,
Schaten Annal. Paderborn. p. 533. Ea videlicet condicione, ut ex eodem
— predio ad patris nostri Heinrici imperatoris — s e p u l c h r u m l u m e n
administretur, per quod sibi nobisque indeficiens preparetur. Donat. (1057)
K. Heinrich IV. an d. Domkirche zu Speier, Remling Urkd. 1, p. 45 ut ui-
delicet possim ad t u m b a m domini mei — Ducis Austrie Heinrici — lam-
padem inextinquilem ordinare — ut exinde sincerum comparetur o l e u m
o l i u a r u m, de quo lampas una, die noctuque — ardeat incessanter. Donat.
(1209) Hormayr, Wien 2. p. LIII. Das Dom-Capitel zu Speier trifft (1219)
Bestimmungen über einen Wald: „quod deputatum est ad l a m p a d e s ad se-
pulchra regum ardentes," Remling Urkund. 1, 154. Theodora, Gemahlinn
Herzogs Leopold VI. von Österreich, stiftet (1226) für das Grab ihres im
Chorherrnstifte Klosterneuburg beerdigten Sohnes alldort ein ewiges Licht,
Fischer, Gesch. v. Klosterneuburg 2, 180. Herzog Bernhard v. Kärnten stiftet
(1251) ein ewiges Licht zum Grabe seiner Vorfahren im Chorherrnstifte

Solcher Weise hatten sich die an die Bestifteten gestellten An-
forderungen gesteigert. Man verlangte jetzt, wie wir eben sahen,
nicht blos in allgemeinen Ausdrücken Gebete in und nach dem Leben,
sondern stellte ausdrücklich die Bedingung des Begehens einer feierlichen Sterbetagsfeier, eines Anniversar.

Da das Diptychon ampliatum als schlichtes Verzeichniss nack-
ter Namen keine Daten in seine Colonnen aufzunehmen vermochte,
so zeichnete man die Sterbetage in andere Kirchenbücher ein.

Jenes Buch welches die Leben der Blutzeugen, Bekenner u. s. f.,
nach ihren Sterbetagen an der Schnur des römischen Kalenders ge-
reihet enthält, bildet das M a r t y r o l o g i u m. Wir wollen ihrer Aus-
führung nach zwei Varietäten derselben unterscheiden [56]).

Martyrologium p l e n u m nennen wir jene Abfassung die bei jedem
Märtyrer u. s. f. einen grösseren oder kürzeren Abriss seines Lebens
bringt. (Z. B. das Martyrologium Usuardi edt. Paris 1718.)

Mit Martyrologium a b b r e v i a t u m wollen wir jene Abfassung
bezeichnen, in der das Verzeichnen der Lebensdaten des Heiligen bis
auf die blosse Angabe des Namens und Standes zusammengeschmolzen
ist. (Z. B. Martyrol. Autissiodorens. ap. Marten. ampl. coll. 6. 686 seq.)

Dieses Martyrologium abbreviatum, nimmt es neben Märtyrern
und anderen Heiligen am Rande auch die Sonntagsbuchstaben etc. auf,
wird zum Kalendarium e c c l e s i a s t i c u m (z. B. Marten. Thes. nov. 3.

Klosterneuburg, pro remedio anime n o s t r e et p r o g e n i t o r u m nostrorum
tam v i v e n t i u m quam defunctorum, quam et s u c c e d e n t i u m. Fischer,
Gescht. v. Klosterneuburg, 2, 212. Ex hac iugitur lumen incensum habeat,
et s e p u l c h r u m marchionis in capitolio p e r p e t u a l i t e r i l l u m i n a r i
debeat. Donat. Agnes v. Phafensteten für das Grab Leopold IV. M. Fischer,
Cod. Tradt. Claustr. p. 86, Nr. 397. Das wür — gegeben haben (1373) zu
dem Ewigen liecht, das Friderich der Vorlauf — gestift hat auf sand
Stephans Freuthof ze Wienne bei seinem grab da er leit. Schlager, Wien.
Skiz. 5, 416. Als Beleuchtungsstoffe dienten Öl und thierisches Fett, für
Kerzen Wachs. Item qua annuatim ex his rebus expendebantur ad luminaria,
c e r o o l e u m, p i n g u e d o. Folquin († 975) Chart. Sithiens, ap. Guérard
Chart. d. l. Fr. 3, p. 165. Über antique Grablampen s. Ficorini de lampad.
Pauli Real. Lex. 4, 1164 seq. cnf. mein „Über Antiquitäten-Funde im Mit-
telalt. p. 10.

[56]) In der durch die ganze Zeit des Mittelalters hindurch herrschenden Benen-
nungs-Wirrniss derartiger kirchlichen Bücher liegt für uns kritischere Epi-
gonen die Aufforderung und Berechtigung zur Schöpfung neuer Bezeichnungen.

cl. 1606.). Die Ähnlichkeit beider ist eine so bedeutende, dass dem Sprachgebrauche des Mittelalters Kalendarium und Martyrologium als Synonyme gelten (cnf. Du Cange, glossar. v. Kalendarium und Martyrologium.)

Die Christenheit zählt ihre Jahre nach der Geburt ihres göttlichen Stifters, ihre Monatstage nach den Todestagen seiner Bekenner. St. Bruno's-, St. Martinstag etc. bezeichnet bekanntlich den Tag des Hintrittes dieser Heiligen, und der kirchliche Kalender hervorgegangen aus dem Martyrologium ist, mit Ausnahme der Festtage, nichts anderes als das Sterbetags-Verzeichniss der um die Kirche Hochverdienten. Wollte man daher den Todestag einer einem Kloster durch geistige oder zeitliche Wohlthat besonders werthen Persönlichkeit anmerken, so fand diese Notiz am ortgemässesten im Martyrologium oder Kalendarium, die ja ohnedies wie bekannt nichts anderes als Todestage-Verzeichnisse sind, ihre Stelle.

Man notirte solche Namen am Blattrande des Martyrologium plenum oder abbreviatum gleichsam als Randglosse [57]) oder schrieb sie in das Innere des Kalender [58]). Der Kalender vor dem Buche, das die

---

[57]) Z. B. im Martyrologium plenum von Mondsee. Cod. palat. Vindob. (S. XII) Nr. 1885. (cnf. Denis Catal. 3, P. 3, cl. 2069). Ich verzeichne einige Namen p. 45 a Wolfolt, Otpert, p. 46 a Waltgerus pr. Heinp(er)tus pbr., p. 46 b m., p. Meginolt 48 a Meginhalm m., p. 48 b Velpecho, Engilscalh p. 49 a Wnnigeba, Itispurc. m., p. 49 b Heidanrich m., Wicpurc incl., p. 50 b Reginlint o., Ernust o., p. 51 a Enda scimon., Guntpato pb., Ribkart o. p. 53 a Adalun pbr., p. 54 a Ruozila o., scm., Huzo cuers. o., Wila o., p. 57 a Adala m. o., Heriman o., p. 59 Himildruot. o, Alarun scm. o., p. 60 a Gepirc m. o., Gumbo subd., p. 62 b Adaluna m., Gerbolt m. o. etc. cnf. Martyrol. Fuldens. ap. Adon. Martyrol. 2, 556, p. 661, cl. 1. edt. Rom. 1745. Martyr. Ottobonianum ibd. p. 680. cl. 2 686, cl. 2, 687. cl. 2.

[58]) Im Kalend. S. Maxim. Trevirense (c. S. IX) III nonas (Mart) Nat. S. Focae martyr. (von späterer Hand *Obitus Hrotgangi episcopi*) Marten. Ampl. Coll. 6, cl. 639 d. gleichfalls im Kalend. Floriacense. ibd. cl. 650 seq. Kalendar. Verdinense. ibd. cl. 679. Excerpta ex Kalendario Missalis Frisingensis. (S. X—XI.) ap. Eccard Comment. d. R. Franc. Orient. 1, 835 seq. Kalend. Laureshamense. (c. S. IX) ap. Adon. Martyrl. 2, 689, cl. 1. edt. Rom. 1745. ibd. 692, cl. 2, 693, cl. 1. Kalend. Vatican. (S. XII) mit zahlreichen altdeutschen Namen. ibd. 704 seq. Kalendarium Gertrudianum (c. S. XII) p. 108, 109, 110, 116, 117 etc. ap. Althan de Kalendar. Kalend. Mosacense 1. ibd. p. 143, 145. Kalend. Sitonianum p. 1035 seq. ap. Murat. S. R. Ital. 2, P. 2. Kalendar. Pistoriense p. 91 seq. ap. Zacharia bibl. Pistor. In dem Kalender

50

kirchlichen Gebete also auch das für Verstorbene enthielt, der Kalender vor dem Missale bot den passendsten Platz für solche Einmerkungen [59].

Man zeichnete ferner solche Namen, um sie desto sicherer der Gefahr des Vergessenwerdens zu entziehen, in das Buch der Klosterregel ein [60]), denn dieses wurde gleich dem Martyrologium täglich im Capitel verlesen [61]).

---

vor einem Buche, zum Theile Brevier zum Theile Missale (S.XIII), im bischöflichen Archive von Trient schrieb eine bischöfliche Hand des XV. Jahrhunderts die Sterbetage der Anverwandten, und andere ihn betreffende Ereignisse, gleichsam eine Familienchronik ein. Kalend. ap. Bonelli Not. d. Chies. d. Trento 3, p. 80 seq. cnf. Anmk. 70.

Schon im Fuldaer Diptychon ampliatum (S. IX — X) finden sich den Namen einiger Könige und Bischöfe die Sterbetage beigesetzt. (Ob von gleichzeitiger Hand?) Schannat Vind. 1, 16. cnf. Catal. of the Arundel Mnsc. in the Br. Museum p. 69, mnsc. nr. 230 (S. XII--XIII) f. 3.

[59]) In einem dem Missale voranstehenden Kalendar. S. XI, fol. m, finden sich einige nekrologische Nachrichten. Handschrift in Merseburg. Pertz Archiv. 8, 670. cf. 626, 726. Mathilt von Nifen (S. XIII), welche ein Missale schrieb, trug in den voran befindlichen Kalender die Sterbetage ihrer Anverwandten ein. Nekrolog. Zwifaltens. ap. Hess Mon. Gvelf. p. 234.

[60]) Die Mönche von St. Gallen versprechen des erschlagenen Herzoges Burkhard von Schwaben in ihrem Gebete etc. gleich Eines der Ihren zu gedenken (926), hocque in nostra Regula placuit nobis conscribi, ut nulla umquam vel oblivioni vel negligentia valeat praetermitti. Neug. Cod. Alem. 1, P. 2, 81. cnf. ibd. p. 589. Si aliquis ex Monachis — defungitur — quinque Psalmi cantentur pro illo, et in Regula atque in libro vitae scribantur. Similiter debent agere omnibus locis respicientibus ad nos. Guidonis (S. XI) Discipl. Farfens. ap. Hergott Vet. Discipl. p. 128. sive quo aliquo Anniversario, de quo in Regula annotatum. Bernard. (S. XI) Ordo Cluniac. ap. Hergott Vet. Discipl. p. 228 et. ibd. p. 274 (Monachi) in regula et matricula conscribantur, commissorum vel commissarum nomina tantum in matricula conscribantur, atque usque in tertium diem oretur. (1253) Mitarell. Annal. Calmaldul. 1, app. cl. 350. cnf. Du Cange glos. v. regula. in missa memoria nostri fiat, prout in regulis ecclesiae, in quibus anniversaria annotari consueverit — plenius est redactum. Donat. (an. 1315) des Domcapitular Joh. v. Mussbach z. Speier Remling 1, 477. cnf. Anmk 90.

Im Saalbuche des Bened. Kl. Prifling (S. XII seq.) ist am Schlusse mehrerer Donationen der Sterbetag des jedesmaligen Spenders bemerkt. Mon. Boic. 13, p. 33 seq. In späterer Zeit führte man für solche Stiftungen ein eigenes Buch liber oblaiorum, liber dativus, liber ordinationum, in welchem man nach der Folge ihres Jahrestages die Schenkungen eintrug. Ut patet in

So lange man die Sterbetage des Klosterstifters der Diöcesan-
Bischöfe und der wenigen Anniversar-Stifter einzutragen hatte, genügte
ein solches sporadisches Verzeichnen in das Martyrologium, Kalendarium, oder die Klosterregel; anders als sich die Stiftungen für
feierliches Begängniss der Sterbetage zu häufen begannen.

Es wird nun den Sterbetags-Notizen eine besondere Seite der
benannten kirchlichen Bücher eingeräumt, und das Nekrologium, im
ersten Stadium seiner Gestaltung, entwickelt sich aus dem Schlussblatte des Martyrologium oder Kalendarium. Man verzeichnet die römischen Kalendertage und setzt ihnen die Namen der an diesen Tagen
Hingeschiedenen bei. Dies scheint uns die Urgestalt des Nekrologium
zu sein und wir wollen sie mit Nekrologium purum bezeichnen [62]).

Mit wachsender Zahl der einzutragenden Sterbetage fügt man
dem Schlussblatte ein zweites, drittes u. s. f. bei, die Zahl der Sup-
plement-Blätter schwellen endlich zum Umfange eines Buches, das
Nekrolog löst sich los aus seiner Abhängigkeit und tritt als selbst-
ständiger Organismus in die Reihe der Kirchenbücher. Meist wurde
dann eine neue Redaction veranlasst [63]) und zwar in der Weise, dass
man ein Martyrologium abbreviatum zu Grunde legte, in das man die
Namen der Hingeschiedenen einzeichnete. Dieses ist die verbreiteteste
gewöhnlichste Form, die wir daher kurzhin mit Nekrologium
bezeichnen wollen.

Als Hauptförderer der Emancipation des Nekrologium werden
wir die Cluniacenser zu erkennen vermögen. Sie waren es die in
einer Epoche, in der das Zeitliche meist in Hinblick auf das Jenseitige
geschah, wo die christliche Mehrzahl nur lebte um selig zu sterben,
die Cluniacenser waren es, die mehr als andere Ordensleute dem

libro oblayorum (anno 1377) Mon. episcop. Augustan. ap. Mon. Boic. 33,
P. 2, 498. Liber dativus, obituarium. Perz Archiv 7, 155.

[61]) Ut ad Capitulum primitus Martyrologium legatur — deinde Regula,
Capitul. Aquisgr. (817) Hergo't Vet. Discipl. p. 31.

[62]) Z. B. das Nekrologium d. Kl. St. Michael in Bamberg (c. 1120—1200) Bericht
d. hist. Ver. zu Bamberg 7, p. 78 und Abbild. ebd. Fragment eines Nekrol.
in St. Florian (S. XIII) J. Stülz im Notizbl. d. k. Akad. d. W. 1852,
p. 291 seq. cnf. Anmerk. 58.

[63]) Wir besitzen nur wenige Nekrologien, die ein höheres Alter als das
XII. Jahrhundert aufweisen, obschon sie Daten des IX. und X. Jahrhunderts
bringen.

Gebete für Hingeschiedene erhöhte Sorgfalt zuwandten **)). Und als vollends Papst Johann X. ihnen das Privilegium (1032) sogar im Kirchenbanne Befindliche, die sich reuig bei ihnen einfanden, ein christliches Grab gestatten zu dürfen, ertheilt hatte ᵉ⁵), füllten sich die Todtenverzeichnisse der Cluniacenser mit so zahlreichen Einzeichnungen, dass diese nothwendiger Weise die Selbstständigwerdung des Nekrologium herbeiführen mussten. Sie waren es auch, welche in ihren Statuten die Einzeichnung in das Todtenverzeichniss als eine Verpflichtung feststellten (s. Anmerk. 60).

Die Cluniacenser-Einrichtungen fanden ausserdem Annahme in zahlreichen andern Klöstern ⁶⁶) und wirkten somit im weiteren Umfange belebend auf die Führung der Nekrologien.

---

⁶⁴) Die neunte Collecte der Todtenmesse galt bei den Cluniacensern für alle dort Begrabenen. Nona pro omnibus qui in loco nostro sunt sepulti. Udalric. (c. 1087) Consuet. Cluniac. ap. D'Acher. Spicil. 4, 44. Mit welcher Sorgfalt sie dem Gebete für Todte oblagen, die General-Anniversarien feierten etc. vid. Marrier Bibl. Cluniac. cl. 1355 e, 1363 c. Der h. Odilo führte auch (998) in Cluny das Fest aller Seelen ein (Mabill. Act. S. Saec. VI. P. I. 584), das späterhin von dort sich als allgemeine Kirchenfeier einführte. Die Cistercienser widmeten gleichfalls dem Gebete für die Seelenruhe Hingeschiedener grosse Sorgfalt. Capit. General. (1134) Marten. Thes. Anecdt. 4, 1243, Nr. 3; cl. 1246, Nr. 6. Nr. 18; (1183) cl. 1254; (1185) cl. 1258, Nr. 13; (1186) cl. 1260, Nr. 11, 12; (1187) cl. 1261, Nr. 1, 2; (1188) cl. 1263, Nr. 7 etc. Dara nah rófo ih umbi alla unsri brodra virvarana hie bi grabana iouh umba alla die dieder hie sint bigraban mit rehtero glouba viruârna. Dara nah bito ih umba alla die toton die hîa bruderscaft habant. iouh umba alla die. dero alamuôsan wir ío imphiangin. Massmann d. deutsch. Abschwör. Nat. Bibl. 7. 170. Über die Wichtigkeit des Gebetes für die Seelenruhe Hingeschiedener, spricht sich auch eine Urkunde K. Friedrich II. aus. „Si homini iudeo — superfluum videbatur et vanum orare pro mortuis — nos qui — sub firmitate catholice fidei de futura mortuorum resurrectione dubitare non possumus etc.“ Donat. (1213) an Domcapt. zu Speier. Remling Urkundb. 1, 147. cnf. Concil. Cabilonense II (813) Mansi. Concil. 9, 368 a.

⁶⁵) Ét si aliquis etiam quocumque obligatus anathemate eumdem locum vel loca ei subdita expetierit, sive pro corporis sepultura, seu alterius utilitatis ac salutis gratia, minime a venia, et optata misericordia excludatur. Marrier Bibl. Cluniac. cl. 136. cnf. ibd. cl. 522.

⁶⁶) Cnf. K. Das Beispiel der Cluniacenser wirkte auch auf andere geistliche Körperschaften; cnf. Dronke Cod. Dipl. Fuldens. p. 381, Nr. 781 etc. Die Benedictiner v. St. Peter in Chartres führten, wahrscheinlich nacb dem Beispiele der Cluniacenser, die Feier eines allgemeinen Jahrzeittages ein „pro

Aber ihren Hauptaufschwung nahmen diese Todtenverzeichnisse erst als der jugendliche Ableger Cluny's, als der mächtige weitverbreitete Orden der Cistercienser mit Beginn des XIII. Jahrhunderts seine rigorosen Normen zu mildern sich bemüssiget sah.

Die Cistercienser, durch das Beispiel der Cluniacenser vor den Gefahren die reiche Anniversar-Stiftungen der Klosterzucht bringen, vielfach gewarnt, waren anfänglich ängstlich bedacht das Palladium klösterlicher Armuth fleckenlos zu bewahren. Sie liessen keine glänzende Lampen - oder Wachskerzen - Beleuchtung in ihren Kirchen zu. (Stat. Capit. gen. (1190) ap. Mart. Thes. anecdt. 4. cl. 1264, Nr. 12. cl. 1271. Nr. 13 cl. 1287. Nr 2). Nur Stiftern oder Königen (später auch Königinnen, cnf. die Bulle P. Innoc. III. ap. Marten. Thes. 3. 1244. d.) Bischöfen und Erzbischöfen gestatten sie eine Grabstätte bei sich [67]). Sie beschränkten ihre Glocken auf das Gewicht von 50 Pfunden, und nur Einer durfte die Stränge ziehen.

---

animarum patrum et matrum ceterorumque parentum nostrorum", und alle zu ihm zählende Klöster hatten einen Geldbeitrag zum feierlichen Begängniss dieses Tages zu steuern. (1101 — 1129) Guérard Chart. d. S. Père d. Chartres 2, 359. cnf. Anmk. 109.

[67]) Nullus praeter regem sive reginam, sive archiepiscopos et episcopos in nostris sepeliantur ecclesiis. Capitul. General. (1152) Marten Thes. Anecdt. 4, 1245, Nr. 8. In oratoriis nostris non sepeliantur, nisi reges et reginae et episcopi; in capitulis abbates vel etiam praedicti, si maluerint, (1180) cl. 1252, Nr. 5, 1273, Nr. 10; cl. 1290, Nr. 5. Ad sepeliendum, non nisi fundatores recipiantur. Si quis tamen vivus adducebatur, et mortuus est in via, nec sine gravi scandalo, aut grandi periculo remitti potest, qui eum sepelierit, in proximo capitulo confiteatur factum et necessitatem. Capit. General. Cister. (1157) Marten Thes. Anecdt. 4, 1251, Nr. 63. cnf. ibd. 1267, Nr. 9: cl. 1270, Nr. 8; (1214) cl. 1313 d, 1316 a.

Noch strenger verschliessen sich die Karthäuser gegen Gestattung derartiger Grab- und Anniversar-Stiftungen, und lassen, ausser für ihre Klosterbrüder, gar keine Einzeichnung in das Nekrologium zu. Cupiditatis occasionis nobis — praescindentes — statuimus — quatenus loci huius habitatores, extra suae terminos Eremi nihil omnino possideant — non agros — non Coemeteria, non oblationes — Simili — sancitum est, ut neminem — suo sepeliant in coemeterio, nisi forte aliquem hujus propositi hic obire contigerit. Sed et caeterarum Religionum, si quis hic defunctus fuerit — sepelient. Nomen vero cujusque in suo non scribent Martyrologio. Guigo Stat. Ord. Carth. († 1137). Holsten. Cod. Reg. 2, 325, cl. 2. Sie halten diese Ausschliessung aus dem Nekrologium sogar gegenüber dem Abt von Cluny fest. Item communi assensu decrevimus, quatinus pro domno

Campanae nostri ordinis non excedant pondus quingentarum librarum: ita ut u n u s pulset, et numquam duo simul pulsent. Capitul. Geneal. Cister. (1157) Marten. Thes. Anecdot. 4. 1247. nr. 21. Nur mit Erlaubniss des General-Capitels durfte ein Anniversar gestattet werden. (cnf. Anmerk. 69). Aber sie vermochten nicht lange dem Andrängen der Frommen, die bei ihnen ein Grab und eine jährliche Todtenfeier verlangten, zu widerstehen. Frauen mit aufgelösten Haaren warfen sich schluchzend Äbten zu Füssen, boten Hab und Gut auf dass für die Seelenruhe ihrer hingeschiedenen Gatten gesorgt werde [68]), und selbst disciplingestählte Cistercienser Herzen schmolzen in der Gluth solcher weiblichen Zähren. Die Cistercienser milderten ihre Normen, und gestatteten endlich mit Anfange des XIII. Jahrhunderts und in dessen Verfolg Grabstätten und Sterbetagsfeier im weitesten Umfange [69]).

P. Cluniacensi abbate, quando eum obire contigerit, in cunctis nostri ordinis, domibus, excepto anniversario, et quod in martyrologio non scribetur, idem et par officium fiat quod pro priore vel professo fieri consuevit. Capit. Carthus. ap. Marten Thes. Anecdt. 4, cl. 1242 a. cnf. Anmerk. 39. Später trat auch bei ihnen Milderung ein.

[68]) Wir belegen dieses mit Stellen, die allgemeine Giltigkeit für solche Stiftungen haben dürften, wenn sie auch nicht gerade immer die Cistercienser betreffen. Matrona Clementia nomine — adiit fratrum conuentum ad portam sancti Petri petiitque obnixius multis obertis l a c r i m i s. ut sui pariterque mariti precibus assiduis memores esse uellent attentius. — obtulit illa — ea conditione — ut a n n i u e r s a r i u m illius m a g n a cum d e v o t i o n e agerent. Donat. (c. 1137—1141?) Dronke Cod. Dpl. Fuldensis p. 390, Nr. 794. Ad nos gemens ac l a c h r i m a n s veniens — Vineam unam — pro salute Karissimi Mariti sui delegans. Donat. (1156) an Kl. St. Stephan in Würzburg. Schannat Vindem. 1, p. 79, Nr. 58. cnf. Dronke Trad. Fuldens. p. 145, c. 66. cnf. Anmerk. 20.

[69]) Anniversaria nulla fiant in ordine, nisi de licentia capituli generalis. Capit. gen. (1201) Mart. Thes. Anecdt. 4, 1296, Nr. 3. cnf. (1209) cl. 1307, Nr. 15; (1219) 1324, Nr. 7; (1223) 1336, Nr. 11, 16; (1224) 1339. Nr. 15; (1227) 1347, Nr. 7, 8 etc. Statuitur — ut nulli de cetero a n n i v e r s a r i u m ita de facili, sicut hactenus factum est, c o n c e d a t u r. Si autem necesse fuerit, quod forsitan alicui concedatur, sic intelligi debeat, ut in u n a q u a q u e abbatia pro eo, cui concessum fuerit, annuatim u n a m i s s a p r i v a t i m tantummodo celebretur. Stat. Ord. Cister. (1225) Marten Thes. Anecdt. 4, 1340, Nr. 5, (1273) p. 1438; Nr. 1. Mortui s a e c u l a r e s, qui in cimiteriis nostris s e p u l t u r a m sibi, eligunt, si de licentia s a c e r d o t u m hoc faciant, recipiantur. Stat. Capit. Gen. (1217) Marten, Thes. Anecdt. 4. 1319, Nr. 1.

In dieser Zeit treten auch die beiden grossen Bettelorden, die sich vorzüglich auf Seelenmesse-Stiftungen gewiesen sahen, mit mächtiger Wirkung ins Leben der Christenheit ein. Wir werden demnach den Eintritt der Blüthen-Epoche des Nekrologium in die Zeit des beginnenden XIII. Jahrhunderts in der sich auch bereits alle Stände (cnf. Nouv. trait. d. diplom. 5.566) an Anniversar-Stiftungen lebhaft betheiligten, zu setzen haben.

Aber selbst in dieser Zeit noch sowie in der folgenden des Mittelalters, in der die Sterbetags-Verzeichnisse bereits zu voller Selbstständigkeit gelangt waren, schleppten sie in ihrer Benennung das Stigma ehemaliger Abhängigkeit mit sich fort. Das Mittelalter wählt zur Bezeichnung seiner Sterbetags-Verzeichnisse nie den Ausdruck Nekrologium, sondern sie erscheinen unter den Namen Kalendarium [70]), Kalendarium mortuorum [71]), Kalendarium defunctorum [72]), Liber defunctorum [73]), Catalogus defunctorum [74]), Memoriale defunc-

---

[70]) Pro defunctis vero illorum facimus, sicut pro nostris, excepto quod breves non mittuntur, nec in Kalendario inter nostros ponuntur. Verbrüder. (1074) zwischen St. Benigne z. Dijon und St. Remis z. Rheims. Mabill. Analect. p. 160, cl. 1. diem obitus in Kalendario notavi. Vit. St. Bruno († 1101) A. S. S. Oct. T. 3, 750 a. Vir ille qui a vobis nuper moriens monachicum sumpsit habitum, si etiam benedictionem assumpsit, mandate nobis nomen et diem obitus eius, ut in nostro Kalendario scribatur. St. Anselm. († 1109) op. cl. 319 d. edt. Paris 1721. In Kalendario nomen defuncti scribetur, et anniuersarium quasi pro nostro professo celebrabitur. Verbrüderung zwischen Reomaus (Kl. Moutier St. Jean) et Cellens. Trecar. (1236) Rover. Reomaus. p. 261, u. Verbr. an. 1308, ibd. 305.

[71]) Johannes de Burges — scripsit (c. S. XIV) Tabulas in margine Martyrologii, in quibus continetur cotidiana aetas lunae: Kalendarium mortuorum in eodem libro: Kalendarium mortuorum super magnum Altare. Dugdal Monast. Anglican. 3, 186. edt. Lond. 1846.

[72]) Item Kalendarium Jeronymi. Item aliud Kalendarium defunctorum. Verzeichniss der Bücher des Bischofes Otto von Passau (an. 1254). Mon. Boica. 28, P. 2. 486.

[73]) Ein Librum parvum defunctorum in quo et aniversarii dies, schrieb Konrad v. Scheyern († 1241), v. Hefner im Ob. Baier. Archiv. 2, 159.

[74]) Missas primi scilicet, tertii, septimi, ac trigesimi, diei, decantent — Nomen quoque fratris in catalogo defunctorum annotetur, sacro altari tempore sacrificii superponendum. Verbrüderung (928) zwischen Cathedralcapitel von Laon und St. Remis. Mabill. Analect. p. 161. (Vielleicht ist hier bloss ein Diptychon ampliatum verstanden.)

torum [75]), Rotulus defunctorum [76]), Matricula [77]), Martyrologium [78]),
Mortilogium [79]), Regula [80]) etc. Das Nekrologium erscheint auch später

---

[75]) Ut nomina eorum, postquam defuncti fuerint, post fratres nostras defunctos
in memoriali defunctorum scribantur, tam in Cluniaco, quam in ceteris
locis nostris. Verbr. zw. Cluny unter Peter Venerab. († 1157) u. Kl. Chartreuse. Mabill. Analect. 159, cl. 1.

[76]) Nomen etiam ipsius in nostrorum rotulo conscribetur mortuorum et
suo tempore in capitulo recitabatur, ubi tunc pro eius anima fratribus dicenda
iniungetur oratio specialis. Privil. monast. Dobirlucensi ord. Cisterc. (1318)
Ludwig, Reliqu. Mnscr. 1 281.

[77]) In matricula conscribere (1101) A. S. S. Oct. 7, 3, 737 b, vergleiche
jedoch Du Cange Gloss. v. matricula. cnf. Anmk. 59.

[78]) Nam in quibusdam datur septem diebus — et semper in Anniversario eius
et cetera — in Martyrologio notandum est. St. Wilhelm. († 1091)
Const. Hirsaugens, ap. Hergott Vet. Disciplin. p. 565.

In der Confraternitäts-Urkunde (c. 1095) des Klosters St. Nicolaus mit den
Canonikern von St. Laudus (im Gebiete von Anjou) wird die Notirung des
Sterbetages ausdrücklich bedungen.

Trigintaque continuis diebus ab utroque Conventu Missae persolvantur, et
eorum anniversaria in Martyrologiis suarum Ecclesiarum et Capitu-
lorum memoriter annotata. D'Acher. Spicil. 11. 311.

Quando obierit archiepiscopus praesens vel successor ejus, abbas — et
totus conventus ibit ad sepulturam ejus, et ob faciendam anniversariam
commemorationem, scribetur nomen ejus in martyrologio nostro. Verbrüder.
(1120) zwischen Kl. Marmoutier u. Cathedr. Cap. z. Tours. Mabill. Annl. O.
S. B. 6, 640, cl. 2. Pro domno Petro Abbate Cluniacensi, quando eum obire
contigerit, in cunctis nostri Ordinis domibus, excepto anniversário, quod in
nostro Martyrologio scribitur etc. Verbrüderung zwischen Cluny unter Peter
Venerab. († 1157) und Chartreuse. Mabill. Analect. p. 159, cl. 2. Qualiter
etiam ejusdem donatoris bonorum anniversarii procuratio de ecclesiis
permissis fieri debeat, in martyrologiis nostris continetur, ut patet intuenti.
Chartul. Sithiens. Contin. III (S. XIII) ap. Guérard Chart. d. l. Franc. 3, 326.
Item Martyrologium. Et liber Effrem in volumine. Item aliud Martyrologium, et nomina defunctorum. Act. Fundat. Murensis Monaster. (c.
S. XIII, m) Hergott Geneal. 1, 316. cnf. Anmk. 15 (an. 1115) und Anmerk.
67 u. 90.

[79]) Vom Abt Udalrich II. von Tegernsee († 1261) Scripsit etiam Mortilogium,
id est catalogum Fratrum defunctorum. Anon. Mon. Teger. Histor. ap. Oefele
S. R. Boic. 2, 73, cl. 2. In der Vorrede zu diesem Nekrolog heist es „Ideo
nos Ulricus — Martyrologium presens Anno 1256 jubentes conscribi."
(Freyberg Gescht. v. Tegernsee p. 203.) Ein späterer Chronist der sich über
dieses Mortilogium nicht völlig deutlich ausdrückte (ap. Oefel. S. R. Boic. 1,

häufig noch mit dem Martyrologium und der Klosterregel in Einem Bande zusammengebunden [81]). Im L i b e r a n n i v e r s a r i o r u m verzeichnete man in Tagesfolge die Schenkungen, welche Behufs der Sterbetagsfeier gemacht wurden, ein Buch das wohl erst im XIV. Jahrhundert sich einzuführen begann.

In Betreff der Einrichtung des Nekrologium sehen wir, dass bei Anlage eines solchen zwischen jedem Tage ein freier Raum für nekrologische Einzeichnungen vorbehalten wurde, so dass die einzelnen Blattseiten nur wenige Tage enthalten [82]).

Manche Nekrologien behalten die von den Diptychen überkommene Sonderung nach Ständen bei [83]). Nekrologien älterer Zeit beginnen mit VIII Kalend. Januar. (25 Decemb.) [84]).

630, cl. 1), gab den Herausgebern des Glossarium M. Aev. v. mortilogium Veranlassung, hier unter Mortilogium eine Abhandlung über den Tod zu vermuthen. Selbst die Bezeichnung O b i t u a r i u m oder „Obitarium" scheint erst in späteren Jahrhunderten gebraucht worden zu sein. Du Cange Gloss. v. obitarium 4, 670, cl. 2. cnf. Anmerk. 81.

[80]) Am Ende des Nekrologium des Bamberger Domstiftes (c. S. XIII ext.) findet sich die Einschreibung Hanc r e g ' l a m conscribi fecit Fried'cus Tanhuserus vicarius in summo. Bericht d. hist. Vereines in Bamberg 7, p. 73. cnf. Anmk. 60.

[81]) Missale — sec. X. Kalendar. nekrolog. eccl. tarantasiensis (im Nekrolog Eintragungen aus dem XI. Jahrhd.) Mnscr. in Genf. Pertz Archiv 7, 176. Kalendarium mit Nekrologium S. XI in Halberstadt, ibd. 8, 659. K a l e n d a r i u m cum n e k r o l o g i o monast. Uttenburensis (S. XII) ibd. 8, 623. Kalendarium cum nekrologio monast. Uttenburen continuato (S. XIII) ibd. Liber a n n i v e r s a r i o r u m Uttenburensium cum K a l e n d a r i o (S. XII etc.) ibd. Dem Nekrologium Ottoburanum (S. XII et XIII) geht ein Martyrologium dann die Regel d. h. Benedict, drittens ein Lectionarium de tempore et sanctis vor. Hess. Mon. Guelf. 289.

Ein Kalendarium, dann Martyrologium, Regel, Privilegium Hainrici fundatoris nostri, Nekrologium Handschft. aus St. Lamprecht in Graz, Pertz Archiv 10, 623. O b i t u a r i u m, m a r t y r o l o g i u m et breve k a l e n d a r i u m b e n e f a c t o r u m monast. Septem Fontium. cr. S. XVI in Middlehill. ibd. 8, 765. Dem Nekrologium v. Reichenau geht die Regel vor, ibd. 2, 371, und Nekrol. v. Niedermünster (S. XI) ibd. 4, 315 etc.

[82]) Z. B. Salzburger Nekrolog. Cod. palat. Vindob. Nr. 2090, 28a, 28b, 29b. Martyr. v. Auxerre (c. S. XI) Marten Amplis. coll. 6, cl. 685. Le Beuf. Hist. d'Auxerre preuv. p. 246. cnf. Delisle in der Bibl. d. l'écol. d. chartes. Ser. 2, Vol. 3, 364. Quix Nekrolog Aquens. (Vorerinnerung.)

[83]) Das Nekrologium des Kl. St. Michael in Bamberg (c. S. XII int.) enthält vier Tage auf jeder Seite, und diese selbst sind durch drei Bogen abgetheilt, deren

58

Der Hintritt wird durch o b i i t bezeichnet, welches entweder vor oder nach dem Namen steht [85]). Bei höher Gestellten wählt man den Ausdruck o b i t u s [86]). Auch findet sich in der Bezeichnungsweise der Martyrologien, (z. B. ap. D'Achery Spicel. 4. 619. seq.) D e p o·sitio [87]) oder n a t a l i s (cnf. Du Cang. glos. v. natalis) [88]),

---

erster für die M ö n c h e des Klosters, der zweite für die übrigen g e i s t - l i c h e n P e r s o n e n, der dritte für L a i e n bestimmt war. Bericht d. hist. Verein. z. Bamberg 7, p. 78.

Das Nekrolog v. Zwifalten ist viercolumnig, die erste Column enthält die Festtage, die zweite die Namen der verstorbenen M ö n c h e u n d N o n n e n, die dritte die Namen der vornehmen M ä n n e r, die vierte die der F r a u e n. Nekrolog. Zwifaltense (S. XII et XIII) ap. Hess. Mon. Guelf. p. 234. Das im XIII. Jahrhundert angelegte Nekrologium des Cistercienserstiftes Lilienfeld führt die Verstorbenen in vier Rangclassen auf. Die erste und zweite Column enthält Bischöfe, Mönche, Kanoniker, die dritte die Conversen, die letzte die Familiares etc. Jede Seite umfasst d r e i Monatstage. Hanthaler Recens. 2, p. 424.

[84]) Des christlichen Jahres Anfang begannen manche bekanntlich mit Christi-Geburtsfeier.

[85]) Allenthalben in Nekrologien. — Nach dem Herkommen des Kl. Farfa, das sich dem von Cluny angeschlossen hatte, schrieb man gewöhnliche Mönche mit obiit ein. In Martyrologio taliter scribendi sunt Monachi, vel amici „O b i e - r u n t Adalgarius etc." Guidon, (S. XI) Discipl. Farfensis ap. Hergott Vet. Discipl. p. 132.

[86]) Z. B. Obitus Victoris papae. Gundechar. († 1075) Nekrol. in Lib. Pontif. Eichstetens, ap. P. M. Germ. 9, 248, l. 37.

[87]) Das Herkommen des Klosters Farfa, das dem von Cluny nachlebte, schreibt für nekrologische Eintragungen (für Bewürdete) „Depositio" vor. Ita scribatur: — D e p o s i t i o Domni — nostrae fraternitatis etc. Guidonis (S. XI) Discipl. Farsens ap. Hergott Vet. Discipl. p. 132. So werden nur die Sterbetage der Päpste und der Erzbischöfe von Salzburg mit Depositio bezeichnet im Admonter Nekrologium (S. XII seq.) Pez S. R. Austr. 2, 199 seq. Doch das Nekrologium Novaliciense (c. an. 1200) hat stets „D i s p o s i t i o" (mit sehr wenigen Ausnahmen wo „oblit" seine Stelle vertritt) und „domini" Kal. Jan. Deposicio domni Wilelmi abbatis. Excrpt Nekr. Nov. ap. P. M. Germ. 9, 130, l. 18 seq. und das alte (S. VIII seq.) Nekrolog v. St. Germain d. Prez beginnt jeden Tag ohne Unterschied der Würde mit ▸Depositio. Bouillart, Hist. d. St. Germ. App. p. CVII seq.

[88]) III. Id. Jul. N a t a l i s Sci Heinrici imperatoris. Nekrol. Weltenburg (S. XIII) Mon. Boic. 13, 484. cnf. Nekrolog. Merseburgense. Zeitschrift f. Archivkunde 1, 113. Natalis bezeichnet zuweilen den Jahrestag der W e i h e. Du Cange Glos. v. natalis 4, 603, cl. 3. Da mehrere Karolinger Stiftungen zur Begehung ihres Geburtstages machten, so dürfte vielleicht manchmal n a t a l i s auch als

zuweilen auch der Beisatz p i a e m e m o r i a e (z. B. Innocentius Papa piae memoriae ob. Nekrolog. Mellicens. (S. XII seq.) ap. Pez. S. R. Austr. 1. 309. a) etc. Manchmal stossen wir auf gewähltere Ausdrücke, wie z. B. 814. Carolus imperator feliciter diem ultimum c l a u s i t — 876. Ludovicus imp. feliciter rebus humanis e x c e s s i t. 1002. Otto III. — moritur. Nekrolog Prumense (en. 768 — 1106) Pertz Archiv 3, p. 23, seq. cnf. ibd. p. 321. Diethalmus laicus m i g r a v i t ad Dominum. Bernold. († 1100) Nekrol. ap. P. M. Germ. 7. 391, l. 39, p. 392, l. 65. Petrus Damiani cardinalis episcopus r e q u i e v i t in p a c e. ibd. p. 392, l. 24, l. 31. Widerolt, Marcuart, cum 113 Jerusalem tendentes naufragio emundati d o r m i e r u n t. ibd. 7, 391, l. 32. Alexander papa II. d i s c e s s i t. ibd. 7, 392, l. 4, l. 45.

War die Eintragung einem Versekünstler überlassen, so suchte dieser zuweilen selbst im Nekrologium sein metrisches Stümpflein leuchten zu lassen, und fasste die Sterbetage in Gedächtnissverse, so z. B. in einem Nekrologium des XIV. Jahrhunderts: Kal. Apr. Regnat cum superis Herimanus dux in O l y m p o. Pertz Archiv. 4, 307.

Doch dem Original-Nekrologium ist diese Eleganz der Sprache völlig fremd. Wo Ausdrücke wie dormivit, discessit etc. auftreten, dort werden wir auf eine Redaction zweiter Hand, auf einen

---

Geburtstag zu nehmen sein. In einer Urkunde v. J. 852 hatte K. Karl d. Kahle bestimmt, dass die den Mönchen v. St. Denis an seinem Geburtstage zu verabreichende Refection nach seinem Hintritte ihnen an seinem Sterbetage zu geben sei; aber in einer im J. 870 vollzogenen Dotation bedingt er, dass nach seinem Ableben ausser der Sterbetagsfeier auch die seines Geburtstages nicht aufgelassen werde. Non ergo opus erit ut refectio n a t i v i t a t i s nostrae transferatur in obitum, sed manente ea refectio obitus unde statutum est, fiat. Bouquet. Recl. 8, 630, b. Similiterque et de carissimae c o n j u g i s nostrae Hirmentrudis o r t u s die (V Kal. Octobris). Donat. (861) K. Karl d. Kahle an Bischof v. Mâcon. Bouquet 8, 570 e. cnf. ibd. p. 579 d, 635 d. K. Karl d. Kahle vermählte sich mit seiner früheren Concubine Richeldis und bedingte gelegentlich einer Donation an d. Hochstift Paris, dass für den Fall aus dieser Ehe ein Sprössling erwachsen sollte, dessen Geburtstag gefeiert werde. Insuper et ortum prolis nostrae, si a foecunda Virgine impetrando data fuerit, sub continua orationum — praesens futurusque antistes celebret; et refectio in utraque congregatione in die o r t u s prolis nostrae — studiosissime peragatur. Donat. (871) Bouquet. Recl. 8, 635 d. cnf. Donat. (878) K. Ludwig des Stammler an St. Martin zu Tours. Bouquet. 9, 404 b. cnf. Donat. K. Karl des Einfältigen an (917) Kl. St. Denis. ibd. 9, 531 e.

zierlichkeitsbeflissenen Überarbeiter eines älteren Nekrologium zu schliessen haben.

Manche Fürsten oder Bischöfe dotirten reichlich zur jährlichen Feier ihres Krönungs- oder Weihetages, welche Feier im Nekrologium durch o r d i n a t i o angemerkt wird [89]).

---

[89]) O r d. Thietmari psulis, Nekrolog. Merseburgense S. XIV (Zeitschrift f. Archivkunde 1, 113). O r d i n. scti. Heinrici reg. (ibd. p. 115) 11. Kal. Aug. O r d i n a t i o sancti Wilbaldi. Gundechar († 1075), Nekrolog. in Lib. Pontif. Eichstetens. (ap. P. M. Germ. 9, 248. l. 34.) Gundechar episcopus s e d e m episcopalem primum intravit (ibd. p. 249, l. 6, l. 20,) 3. Kal. Jun. O r d i n a t i o Gregorii papae VII. anno dominicae incarnationis 1073. Bernoldi, († 1100) Nekrolog. (ap. P. M. Germ. 7. 392. l. 15). XVIII. Kal. (Febr.) O r d i n a t i o S. Bernwardi Episcopi et Confratris. Nekr. Hildesheimense c. S. XII seq. (Leibn. S. R. Bruusw. 1, 763.) VIII. Kal. Mart. O r d i n a t i o domni Zahonis abbatis. Nekrol. Flaviniac. c. S. XII m. (ap. P. M. Germ. 10. 285. t. 38. p. 286. l. 9.) Eodem die o r d i n a t i o domni Hugonis episcopi qui dedit fratribus in d i e ordinationis suae altare Billiacensis ecclesiae. Exrpt. ex Nekrol. Autissiodorensis (Marten. Ampl. Coll. 6, cl. 693 d. cnf ibd. cl. 718 d). 16. Kal. Martii o r d i n a t i o Heinrici imperatoris et Chunegundis imperatricis. Nekrol. Ranshofense S. XIII (ap. P. M. Germ. 6, 791, l. 9).

Man machte Stiftungen zur Feier des Krönungs- oder Weihetages. Et siquis scire desiderat, quare hanc donam — dedissem — sciat quod inprimis pro amore — preticti pontificis, seu etiam c o n s e c r a t i o n i s meae quam ab eo eodem die — accepi. Donat. (822) K. Ceolnulf. (Kemble Cod. Dipl. 1. p. 273) et in die u n c t i o n i s nostrae per misericordiam Dei in Regem, quae est VII Idus Junii. Donat. 853 K. Karl d. Kahle. (Bouquet Recl. 8, 524 d. enf. ibd. p. 574 b. Donat. (885) K. Karl d. Dicken an d. Hochstift zu Langres (ibd. 9, 344 e. cnf. ibd. p. 346 b). Donat. K. Karl d. Einfältige (912) an Bischof v. Toul. ibd. 9, 514 e. cnf. ibd. p. 531 a, e, p. 536, d p. 538 a, p. 545 d, p. 552. a. cnf. Anmk. 88.

Den Jahrestag ihrer Consecration begingen die Kirchenfürsten in feierlicher Weise, so gestattet Papst Innocens II. (1139) dem Bischofe Engelbert zu Bamberg den Gebrauch des Pallium an folgenden Tagen „Cena Domini, Pascha — in anniversario quoque tue c o n s e c r a t i o n i s die etc." (Usserm. Episcop. Bamberg. app. p. 91.) Bischof Otto v. Bamberg zeigt (1106) seinem Capitel an, dass er vom Papste Paschal consecrirt worden sei. Huius loci, huius d i e i, — semper m e m o r e s esse velitis cum omni gratiarum actione precamur. (Usserm. Episcop. Bamberg. app. p. 62, Nr. 63.) cnf. Marten. de Ant. Eccl. Ritib. 3, 618 e. cnf. Anmk. 121.

Auch notirt man zuweilen den Einweihungstag der K i r c h e, welcher alljährlich gefeiert wurde. Qualiter agendum est in a n n i v e r s a r i a consecrationis Basilicae. Guidonis Discipl. Farfensis (ap. Hergott Vet. Displ. p. 83). Pictavis dedicatio Basilicae Sancti Amantii. Martyrol. (ap. D'Acher. Spicileg.

Doch der grösste Theil der Stiftungen wird wie bereits bemerkt, zum Begängniss der Sterbefeier, des Anniversarium fundirt, (s. Anmerk. 34, 35, f. f.) und dessen Vormerkung zuweilen von dem Stifter ausdrücklich verlangt **⁹⁰**).

Manche stiften für jeden ihrer Anverwandten ein b e s o n d e r e s Anniversar **⁹¹**), doch viel häufiger wird für m e h r e r e Glieder zusam-

---

4, 621 et p. 624, p. 647 etc.) In einer Handschrift des Matyrologium Usuardi C o n s e c r a t i o ecclesiae sancti Laurentii de Florentia quae consecrata anno Domini MLX. (Martyrol. Usuard. p. 22, cl. 1 edt. Soll.) Hac intentione ut singulis annis in d e d i c a t i o n e b a s i l i c e ad sanctum Petrum universitas fratrum exinde haberet refectionem. Donat. c. 1180 an d. Stift Chiemsee (Mon. Boic. 2, p. 342). cnf. Mon. Prifling. (1260. ibd. 13, 217). Item in d e d i c a t i o n e ecclesiae nostre unum plenarium seruicium secundum antiquam consuetudinem per abbatem vel cellerarium ministretur. (Frast. St. B. d. Cister. Kl. Zwetl p. 480).

⁹⁰) Pro clericis Taruannensis ecclesie, dum obierint, officium fieri, et a n n i v e r s a - r i u m d i e m eorum apud sanctum Bertinum a n n o t a r i singulisque annis celebrari. Donat. c. 1112. Joh. Episcop. Morinens. (Guérard Chart. d. l. Fr. 3, p. 234) ut in suis l i b r i s m e m o r i a l i b u s me una cum meis antecessoribus videlicet Patre et matre i n s c r i b i fideliter procurent. Donat. 1273 an d. Chorh. Stift Unterstorf. (Mon. Boic. 14, 160). Konrad v. Tuzzingen bedingt im Donations-Instrument an Kl. Berenried 1316 dass sie seinen Namen und die Namen der Seinen in ihr Saalbuch schreiben. Auf benſelben Tach ſol man begen — mainen j ä r l i ch e n Tag, meiner Hausfrauen, meiner Vordern unb unſerer baiber Erben, ber aller N a m e ſol geſchriben ſten an, ir J a l b u ch — mit Meſſen unb mit Vigilien. (Mon. Boic. 8, 327.) Man bedingt sich, dass die Stiftung in das Seelgeräths-Buch, in das Verzeichniss der Vermächtnisse (liber ordinationum Augustan. Mon. Boic. 35, P. 1, 123 — 258.) eingetragen werden soll, „baz ſie biu vorgeſchriben guot ſchriben ſoenb inn ir b o u ch vnb ſoenb barzuo ſchriben, baz ich3 bargeben hab burch min3 vaters — ſael willen etc. 1329 (Mon. Boic. 33, P. 1, 524). cnf. Anmk. 15.

⁹¹) R e f e c t i o n e s duae o m n i b u s annis — fratribus — praeparentur; hoc est una in die d e p o s i t i o n i s domni et g e n i t o r i s Hludoïci Imperatoris, quae est XII Kalendarum Julii; qua d i e e t i a m et memoria habeatur g e - n i t r i c i s nostrae Judith Augustae: altera vero Idus Junii, qua constat nos in hoc mundo n a t u m fuisse; quae dies nostrae nativitatis post o b i - t u m nostrum in die d e p o s i t i o n i s nostrae celebretur eodem cultu re-colenda. Donat. (852) K. Karl d. Kahlen an Kl. Marmoutier. (Bouquet Recl. 8, 521 b.) Eine gleiche Stiftung (853) pro Matisconensi eccl. S. Vincentii (ibd. 524 d. cnf. ibd. p. 570 d, 574 a, 579 c, 582 b, 622 c, 635 d, 640 c). K. Karl d. Kahle stiftet ein Anniversar für seinen An-verwandten den Abt Ludwig v. St. Denis ut a n n u a t i m V Idus Januarias anniversarium carissimi nobis propinque nostri L u d o w i c i reverendi Ab-

men nur ein einziges fundirt [92]). Andere Donatoren setzen im vor-

---

batis unanimiter devote celebrent. Donat. (871) an d. Kl. St. Amand.
Bouquet. Recl. 8, 634 e. Praeter hec in anniversariis quibusdam, id
est die obitus mei, et filii mei CONRADI episcopi, et filii mei HEINRICI,
pauperes et canonicos eiusdem loci caritative reficiat. Donat. (1036) an
Kl. Bernmünster. (Neug. Cod. Alem. 2, p. 27) ut monachi — jus habeant
orandi pro salute nostra, et singulis annis, post mortem carnis, singulorum anniversaria celebrent. Dont. (1046) Guérard Chart. d.
S. Père d. Chartres 1, 161. in anniversario Heinrici tercii imperatoris, item in anniversario meo, et in anniversario consanguineorum
meorum, Hermanni Colonensis archiepiscopi, nec non Wolframmi patris
mei, Azele matris mee, Zeizolfi fratris mei, Adelheidi(s) et Judde,
filiarum predicti fratris mei. Bischf. Joh. v. Speier stift. Abt. Sinsheim
1100. (Act. Theod. Palat. 3, 279.) cnf. Dot. an Kl. Tegernsee 1154—1186
(Mon. Boic. 6, 124. cnf. ibd. p. 149, p. 92). Anniversario meo XXX
panes et dimidia Urna vini — Patris mei Adalberti, qui est in Festo SS.
Primi et Feliciani — Berthae sequenti die post Octavam Epiphaniae —
Donat. 1160 des Domherrn Konrad v. Würzburg an d. Kl. S. Stephan in
Würzb. (Schannat, Vind. 1, p. 83, Nr. 67. cnf. ibd Nr. 66). Tenentur etiam
octo dies anniversarios celebrare, videlicet. Ruodolfi militis. Uolrici
militis ect. Donat (1221) des Bruder Rudolf des Ritters, und Otto des Dia-
con und Burchbards des Subdiakon an Abtei Zürich. (Mittheil. d. ant.
Gesell. in Zürich. 8. B., 2. Hft., Beil. p. 58) ut dimidium talentum Dominis
chori distribuatur, in anniversario patris sui, qui est V. Kal. Decembris
— in anniversario vero Matris sue, qui est XVI. Kal. Maii ect. Donat.
c. 1248 an das v. Chorh. St. Nicolaus zu Passau. (Mon. Boic. 4, 284.)

[92]) Novb. IV. Nonas. Hic agatur memoria ducis de poemia Ovdalrici et uxoris
eius Adelheidis et filii eius Ladezlai, et pincerne illius Pribrani et huius
uxoris Boguzlawe et filii eius zizetnine adhuc uiuorum. Exrpt. ex Nekrol. St. Flor. (S. XII. Ulrich starb 1115) J. Stülz, Gescht. d. regl. Chorh.
Stift. St. Florian p. 198. Petrus Venerabilis Abt z. Cluny († 1157) ver-
leihet einigen Senatoren Venedigs ein jährliches Anniversar. Quam ob rem
nos constituimus propter vestrorum qui decesserunt, tam marium, quam feminarum parentum indulgentiam peccatorum, ut omni anno in crastinum
transitus sancti Benedicti fiat generale officium cum Missa ect. (Mabill.
Analect. p. 159, cl. 1). XVIII Kal. (Oct.) Rutardus Laicus, Uxor eius
Birina et Pater eius Gotebolt et Mater eius Regila pro quorum memoria dantur Fratribus Unciae IIII Clopheim. Nekrol. der Metropolitan-
kirche zu Mainz c. S. XII, (Schannat Vindem. 1, p. 4). cnf. Dot. Ottonis I.
Duc. Meran. 1223 an d. Kl. Diessen (Mon. Boic. 8, 169). XVI Kal. (Jul.)
Memoria Comitum de Schaumberch. Excrpt. Nekr. Seonense. S. XIII seq.
(Mon. Boic. 2, 160). Herzog Rudolph v. Österreich bedingt (1305) sich
für eine Dotation an das Cistercienser Nonnenkloster zu Yps: annuatim

hinein zur Feier ihres Sterbetages einen bestimmten Tag fest [93]).

---

omnibus progenitoribus nostris anniversarium generale, nec non clarae memoriae Dominae Planzae — quondam conthoralis nostra, ac etiam nobis, postquam carnis debitum persolvemus, anniversaries depositionis nostrae dies singulos singulariter et solemniter in Divino officio debeant celebrare (Pez Thes. Anecdt. 6, P. 2, 202, cl. 1). Die Vorfahren werden nur summarisch im Nekrolog genannt und ihr Jahrzeit mit dem des Donator gefeiert. (October) VIII. K. Otto senior de Liechtenstein et sui progenitores. Exerpt. ex Nekrol. Secoviense Eccl. Cathedral. (ap. Dipl. Sacr. Duc. Styr. 2, 363).

[93]) et pro me — tam mortuo, quam vivo, in XV Kal. Julii. Donat. 1054 des Bischofes Azecho v. Worms. (Schannat Episc. Wormat. app. p. 51.) Wichman Erzbischof v. Magdeburg macht eine Dotation an Kloster Seitenstetten 1185 und verordnet, dass jährlich nach dem St. Lambrechtstage „celebris nostri ac parentum nostrorum memoria Missarum commendationibus peragatur et quingenti panes in eleemosyne largitione pauperibus erogentur. Hormayr Werk. 3, 432. Anniversarius meus et uxoris mee domine Hiltigardis sexta feria ante dominicam letare celebretur. Donat. c. 1200 an Stift Chiemsee (Mon. Boic. 2, p. 394). Graf Heinrich v. Eschelohe sammt Frau, Sohn und dessen Gattinn machen eine Dotation an d. Kloster Benedictbeuern (1261) und bedingen: Item anniversarius noster proxima die post memoriam omnium animarum celebrari debetur, cum plenaria cibi, et potus administratione. Item in anniversario secundi obientis ect. Mon. Boic. 7, 135. Anniversarius eiusdem Chunonis, et filii sui Saxonis, omniumque parentum suorum, in die S. Joannis ante port. lat. per omnia sicut unius Prelati annuatimque peragatur. Donat. (1287) an Chorh. St. Au. Mon. Boic. 1, p. 211. cnf. ibd. p. 230. Anniversarium (*suum*), et progenitorum suorum memoriam in die S. Urbani celebrandum. Donat. c. 1300 eines Leutpriestera ibd. 1, p. 206. cnf. Nekrolog. Viennens. Patr. Minor. ap. Pez S. R. Austr. 2, 471, 492 b, 496 c, 506. b. Zuweilen wurde aus liturgischen Gründen die Feier des Anniversar auf einen anderen Tag verlegt. Nomina defunctorum — recitabantur, sed hoc dominicis diebus intermittebatur, quia a quibusdam animae ob resurectionem Dominicam requiem habere credebantur. Honor. Augustud. († ant. 1125) Gem. anim. ap. Bibl. patr. max. Lugd. 20, 1061 g. cnf. Zeitschft. f. philos. u. kat. Theol. v. Achterfeld. Bonn 1852, 1 Hft. Beispiele von Verlegung des Anniversarium auf andere Tage, vid. Diplom. Sacr. Ducat. Styr. 2, 332. Otto v. Lichtenstein schenkt der Karthause zu Seitz (1302) das Gut Marchwartsdorf. Spoponderunt etiam; quod cum de ergastulo huius corporis fuero de medis evocatus, mei habebant memoriam — vigiliis, usque in tricesesimum diem mei decessus. — Item diem anniversarium meum et progenitorum meorum singulis annis sine omissione aliqua — celebrabunt. Ipso etiam die anniversarii, vel die praecedente vel subsequenti ad institutionem

Die in Nekrologien vorkommende Bezeichnung „A n n i v e r s a r i u m"[94]) bietet daher für den Hintritt einer Person keinen so sichern chronologischen Halt, als die Bezeichnung „obiit, obitus" etc., wir werden daher, wo uns die Stiftungs - Urkunde oder andere bestimmende Belege mangeln, aus dem Anniversar nur die Sterbe f e i e r keineswegs aber mit voller Sicherheit den Sterbe t a g der bezeichneten Individuen zu bestimmen vermögen.

Die Eintragung des Sterbetages wurde theils durch m ü n d l i c h e [95]) theils durch s c h r i f t l i c h e Anzeige vermittelt. Letztere

ordinis eorum in prandio generaliter omnibus Fratribus p i t a n t i a fiat, seu consolationis refectio specialis. (Diplom. Sacr. Duc. Styr. 2, 95.) Man bedingt sich für den Fall, dass das Anniversar aus kirchenzeitlichen Hindernissen nicht am Sterbetage begangen werden könne, die Feier desselben auf einen f r ü h e r n aber nicht nachfolgenden Tag verlegt werden soll. Jrrent es hoch Gezeit, das man den Jartach nit begen mach auf den Tag, als nu gesprochen ist, so sullen ihn die Herrn für legen, darnach als sie waenent und nicht hernach legen. Donat. an d. Kl. Berenried 1316. (Mon. Boic. 8. 228.) Unser Selgeräete begen ierichleichn auf den nächsten Tag nach sant Michelstach: und nach unsern Tod, so sullent si uns ewigleichen und tagleichen ein Messe sprechen von den Selen, und unser Selgerät, mit allen Sachen als es vor beleutert ist, auf den Tag swen Gott über uns gebeuttet, oder in acht Tagen darnach, ob es vor von redleichen Sachen, auf den Tach unser Schidunge begangen nicht mochte werden. Donat. 1334 Herzog Heinrich's v. Kärnten an d. Kl. Benedictbeuern (ibd. 7, 167). Damit nicht die zwei Jahrzeiten K. Ludwig des I. und Wido's an e i n e m Tage gefeiert werden, verordnete Karl d. Kahle, dass Wido's Anniversar z w e i Tage s p ä t e r gefeiert werde. Et quia eodem die, quo idem fidelis et carissimus nobis vasallus noster obiit, duodecimo scilicet Kl. Julii, a n n i v e r s a r i u s -- genitoris nostri — Hludowici dies depositionis esse dinoscitur; volumus ut singulis annis a fratribus d e c i m o Kl. eiusdem mensis a n n i v e r s a r i u s praefati Widonis celebretur. Donat. 869 Karl d. Kahlen an d. Kl. St. Lucian zu Beauvais. (Bouquet Recl. 8, 617 e.)

[94]) Anniversarium bezeichnet zuweilen auch den Jahrestag der W e i h e eines Kirchenvorstandes. Du Cang. Glos. v. anniversarium. 1. 263 cl. 3.

[95]) Similiter, ut pro d o r m i e n t i u m fratrum animabus; qui nobiscum laborabant in Domino rationum adjuvamina, et m i s s a r u m solemnia celebrare facatis precamur, quorum n o m i n a gerulus harum literarum demonstrabit. S. Bonifacii († 755) Epist. ad Alberium abb. (op. 1, 201, edt. Giles). Zwischen sehr nahe liegenden geistlichen Körperschaften bestand kein Brevewechsel, sondern die Todesanzeige wurde mündlich erstattet. So heisst es in der Verbrüderung (1153) zwischen dem Bened. Kl. S. Nicasii in Rheims und dem dortigen Cathedral-Capitel „breves n o n scribentur" Marlot. Hist. Rhem. 1, 648.

erscheint als eine gelegenheitliche, gleichsam als Postscriptum eines Schreibens **), oder erfolgt in einem Privatschreiben *⁷), oder geschieht durch eine officielle Todesanzeige B r e v e genannt, deren Zusendung in Verbrüderungs-Schlüssen zuweilen ausdrücklich festgesetzt wird *⁸). Sie enthalten meist blos Namen, Würde und Sterbetag des Hingeschiedenen **).

**) N o m i n a quoque fratrum et amicorum nostrorum de hac luce migrantium
tuae Caritati commendantes, quae sunt . . . . Lullus an Abt Cuthbert c. 772.
(S. Bonifacii op. 1, 250.) cnf. Anmk. 97, 98, 99. Misimus vobis n o m i n a d omini R o m a n i episcopi, pro quo unusquisque vestrum XXX missas cantet et
illos psalmos, et jejunium juxta constitutionem nostram. Similiter pro duobus
laicis nomine Megenfrido, et Hrabano X missas unusquisque vestrum cantet.
Lullus Deneardo et aliis (755) ibd. 1, 211.

*⁷) Z. B. Papst Coelestin II. zeigt (1143) dem Abt Peter Venerab. und den Cluniacensern den Hintritt seines Vorgängers des Papst Innocenz II. an. Notum
igitur facimus dilectioni vestrae, quod, domino nostro bonae memoriae Papa
Innocentio VIII kal. octobris defuncto etc. (Bouquet Recl. 15, 408 e.) Erzbischof Hartwig v. Bremen zeigt der h. Hildegard († 1178) den Hintritt einer
Nonne an. (Bibl. Patr. Max. Lugd. 23, 543 d etc.) cnf. Anmk. 98, 99.

*⁸) B r e v i u m quoque missione, ac R e g u l a e annotatione. Verbrüd. zwisch.
Kl. Vendôme u. Cluny (c. S. XII int.) Mabill. Analect. p. 159, cl. 1. Ut cum
b r e v i s de canonico Cabilionensi venerit Divionem, vel de monacho Divionense Cabilonem etc. Verbrüd. zwischen Chalon u. Dijon (1111) Gall. Christ.
4, app. cl. 237 c. Animas preterea fratrum uestrorum et nostrorum, quorum
nobis o b i t u s et n o m i n a s c r i p s i s t i s — plenarie f r a t e r n i t a t i s debitum persoluimus. Fraternitäts-Schreiben d. Kl. S. Michael in Bamberg an
d. Kl. Melk (1177 — 1203) Keiblinger Geschl. v. Melk 1, 1137. cnf. Pez
Thes. 6, P. 2, 57, cl. 1. Das Domcapitel v. Hildesheim stand (c. S. XII) mit
24 geistlichen Körperschaften in Verbrüderung. Hi omnes n o m i n a et o b i t u s
defunctorum suorum per l i t t e r a s et per n u n c i o s nobis annunciare debent,
et nos illis nostrorum fratrum, ut fiant communes orationes per 30 dies etc.
Chron. Hildesheim. ap. P. M. Germ. 9, 848, l. 38 cum obitus — per r o t u l u m
b r e v e m, vel l i t t e r a m, aut alias s c r i p t o seu v e r b o nostro Capitulo
fuerit nuntiatus. Verbrüd. (1281) zwischen der Cisterc. Abt. Grand-Selve
und Kl. Condome. D'Acher. Spicil. 13, 500, b r e v i a r i a monachorum decedentium mittantur. (1320) Baluz Hist. Tutel. cl. 655. cnf. Verbrüd. A. D. M e h
r e r e Mönchs- und Nonnenklöster zeigen v e r e i n t in e i n e m Schreiben mehreren Klöstern den Hintritt der Ihren an, und bitten diese Namen andern Befreundeten kund zu geben. N o m i n a quoque nostrarum defunctarum sororum — deprecor — omnibus circumquaque amicis t r a n s m i t t e r e, quarum
prima fuit Quoengyth — et Edlu — quarum utique ambarum fuit uno die depositio, id est I d i b u s S e p t e m b r i s. Epistol. ap. op. S. Bonifacii 1, 278.
Für die nahe gelegenen Klöster wurde nach Hirsauer Herkommen e i n Breve

Erfolgte der Hintritt einer um die Kirche besonders hochver-

---

ausgefertigt; dieses liess ein Kloster an das andere cursiren. Hatte man aber eine Todesanzeige an Klöster verschiedener Provinzen zu senden, so wurde für eine jede ein besonderes Breve ausgestellt. S. Wilhelm. († 1091) Const. Hirsaug. p. 568.

⁹⁹) Cuthbert in dem Schreiben an Cuthwin, durch welches er diesen von den Hintritte d. V. Beda († 735) in Kenntniss setzt, zeigt nur den Sterbetag an (septimo calendas Junii). V. Beda. op. I, CLXIII edt. London. Deposcimus, ut istam familiam Christi et sancti Petri — oratores vestros tam v i v o s, quam d e f u n c t o s in vestra mercede commemorare faciatis — Similiter vos deprecamur, ut omnium amicorum vestrorum n o m i n a tam v i v o r u m, quam d e f u n c t o r u m per praesentem fratrem nostrum Saganaldum, per b r e v e ad nos dirigere faciatis, ut ipsos — in nostris assiduis oratioribus memorare debeamus. S. Bonifacii op. 1, 232. Abt Cuthbert zeigt nebst Anderem dem Bischofe Lullus an, dass er die ihm zugesandten Namen unter die Namen der verstorbnen Mönche eintragen, und für sie mehr als neunzig Messen habe lesen lassen. Simul etiam n o m i n a fratrum quae ad nos misisti, cum n o m i n i b u s huius monasterii fratrum d o r m i e n t i u m in Christo, s c r i p t a continentur, ita ut pro illis nonaginta et eo amplius missas facere praeceperim. S. Bonifacii op. 1, 241. edt. Giles. Monachus noster unus vitae obitum fecit N. Cundolt VI. idus octob. et apices hae m i n i m e in uno r e t i n e n t u r loco donec suum c u r s u m peragant, rogamus valete. Breve des Abtes Adalpert an Bischof Virgil v. Salzburg († 784) Mon. Boic. 14, 351. Fratribus in Christo dilectis nos fratres de monasterio Sancti Galli salutem. Intimamus caritati vestrae obitum fratris nostri N. defuncti, pro cujus anima solitas preces agere dignamini (S. IX) ap. Goldast. R. All. S. P. 2, 151, cl. 1. edt. Senkend. Das Herkommen des Klosters Farfa schreibt vor, im Breve den V o r n a m e n und das G e b u r t s - L a n d des Verstorbenen zu bemerken. In ultimo scribatur p r o n o m e n et p r o v i n c i a unde ortus fuit ad agnoscendum eum. Guidonis (S. XI) Discipl. Farf. p. 132. D. Odo Abbas S. Joannis — venit in Capitulo S. Mariae Silvae-majoris — pro defunctis Fratrum statuerunt in invicem, ut ipso die quo b r e v i s ipsius veniret — Pro monachis S. Pauli — B r e v e accepto — quo die r e c i t a t u m fuerit b r e v e Fratrum — ipso die quo b r e v e in C a p i t u l o recitabatur. Vit. S. Geraldi († 1095, Abt v. Seauve-Majour) A. S. S. Aprl. T. 1, 413 d seq. cnf. Marten. Thes. 1, 256 e, Abt Gozpert v. Tegernsee († 1001) schreibt an den Grafen Arnold, dass sie für ihn als einen Wohlthäter des Klosters zwar schon bisher fleissig beteten. Deinceps autem firmissime statuimus, n o m e n vestrum in nostro monasterio die noctuque precaminibus m e m o r a l i t e r perpetuare — Et ut omnium p r o x i m o r u m vestrorum memoria deinceps hic agatur, facite conscribi n o m i n a, quorumque vultis, in m e m b r a n a, nobisque transmitti per praesentem nuntium. Pez Thes. Anecdt. 6, P. 1, 122 b, 123 a. Und an den Grafen Meginhelm schreibt derselbe Abt. Pro vobis, amicisque vestris, qui adhuc v i v u n t, vel iam in Christo obierunt, ac felicis memoriae c o n j u g e vestra XLIII Missas, et Psalteria X

dienten Persönlichkeit des geistlichen oder auch des Laienstandes [100]), so erliess man nach dem Beispiele der ersten christlichen Jahrhunderte ein Trauerrundschreiben, in der lateinischen Sprache des Mittelalters R o t u l u s genannt [101]). Man richtete es theils an alle Klöster des gleichen Ordens, theils auch, wenigstens der Formel nach

decantamus. Quin etiam n o m i n a vestra s c r i p t a sunt apud nos propter jugem memoriam. ibd. 124 b. Abt Gozbert v. Tegernsee bittet die Eichstädter Priester, sie möchten ihm den Todestag seines Bruders, dessen Hintritt er vernommen, anzeigen. Cujus obitus d i e m Kal. conscribi, nobisque transmitti rogamus. Pez. Thes. Anecdt. 6, P. 1, 127 c. Ebenso den Grafen Arnold um gleiche Anzeige über den Hintritt der Kaiserinn Adelheid († 999). Diem Kal. jubere conscribi membrana, nobisque transmitti per praesentem pelligerum. ibd. 123 c. Frater noster O. presbyter et monachus obiit VIII. Id. A p r i l i s: pro cuius requie precamur per sancta loca Episcopii vestri praecipite facere. Abt Eberhart v. Tegernsee († 1003) an d. Bischof v. Freisingen. Pez Thes. Anecdt. 6, P. 1, 139 a. Eine für einen Mann sich ausgebende weibliche Person starb als Mönch im Kloster Schönau. Nach ihrem Tode entdeckte man die Täuschung und da man ihren Frauennamen nicht kannte, so fehlte dem Breve die Angabe des Namens. Postea cum b r e v i a pro ea scribenda essent, et nomen eius ignorarent, sub tali forma scripta sunt. Duodecimo Kalendas Maii obiit ancilla Christi in Sconavia. Caes. Heisterb. († p. 1227) Dial. 1, p. 52. edt. Strange. Einige Formeln für das Breve gibt Haeften. Disquis. p. 793. Paris Nomastic. p. 215. Zwei solche Tegernseer Briefformeln für Todesanzeige an conföderirte Klöster. Pez Thes. Anecdt. 6, P. 1, cl. 242, el. d seq. cnf. Du Cang. Glos. v. brevia mortuorum 1, 770, cl. 3. cnf. ibid. v. breviatus 1, 775, cl. 1. Die hier aufgeführten Breve, denen die Anzeige des Sterbetages fehlt, waren offenbar für Eintragung in das D i p t y c h o n a m p l i a t u m bestimmt. cnf. Anmk. 103. Nicht exempte Klöster, die um die Wahlbewilligung eines neuen Abtes bei den Landesfürsten ansuchen mussten, zeigen zuweilen in diesem Bittbriefe den Todestag des verstorbenen Abtes an. Die Mönche von Tegernsee zeigen dem Herzoge Heinrich III. v. Baiern den Tod ihres Abtes an. Beatus pater noster Gozpertus XII Kal. Febr. somno pacis requievit. Pez. Thes. Anecdt. 6, P. 1, 130. cnf. ibd. 6, P. 2, p. 77, cl. 1.

[100]) So erliessen die Mönche von Ripoull und Coxane Trauerrundschreiben über den in der Rhône (1020) verunglückten Grafen von Besalu (Marca Hispan. el. 1024). Gleiches beim Hintritt (1050) des Grafen Gottfried v. Cerdagne. ibd. el. 1094.

[101]) U n i v e r s i s sanctae Ecclesiae filiis, praecipue Clericis etc. et degentibus secundum regulam Beati Benedicti etc. — huic R o t u l o scribendo commendavimus. Trauerrundschreiben der Mönche v. Casale Benedicti (Kirchen-Prov. v. Bourges) über den Tod ihres Abtes Andreas († 1112). D'Achery Spicileg. 2, 518. cnf. Du Cang. Glos. v. rotulus 5, 809, cl. 1.

an gesammte Kirchen etc. [102]). In manchen dieser Rotuli wird bloss, gleich dem Breve, der Sterbetag des Hingeschiedenen angegeben [103]), doch andere bringen neben dem Sterbetage mit urkundenförmlicher

[102]) Manche beginnen mit Universis sanctae matris ecclesiae filiis. T. ü. H. Gilbert's Bischof. v. Poitiers († 1154). Besly Evesq. d. Poict. p. 103. Trauer-Rundschreiben über d. Hintr. Marbodes Bischof v. Rennes († 1123) Marten. Thes. 1, cl. 356 b. Trauer-Rundsch. ü. H. Yvos Abt. v. S. Denis († 1172) Marten. Thes. 1, cl. 571 a. Vniversis Praelatis et Conventibus ordinis Sancti Benedicti praesentia inspecturis Conventus in Altha Inferiori, cum orationibus sinceram in Domino charitatem etc. Trauerrundschreiben der Benedictiner v. Nieder-Alteich über den Hintritt ihres Abtes Poppo († c. 1226). Pez Thes. Anecdt. 6, P. 2, p. 76, cl. 2. Andere mit „omnibus" Fratr. Coenob. s. Richarii glor. mem. omnibus Christi militibus. Trauerrundschreiben über den Hintritt Hruodulf's Abt v. S. Riquier († 850). D'Acher. Spicileg. 4, 499. Trauer. ü. Hintritt d. Graf. v. Cerdagne (1050) Marca Hispan. cl. 1094. Omnibus ecclesiae Dei ubicumque diffusae filiis et filiabus. Trauer-Rundsch. ü. H. d. Abtes Bernard v. Marmoutier († 1100) Mabil. Annal. O. S. B. 5, 668, cl. 2. Aquicinensis cenobii — omnibus qui salutis suae solliciti sunt salutem in Domino. Trauerrundsch. (1113) ü. H. d. Abtes Odon v. Anchin, Marten. Thes. 5, 855. Trauerrundschreiben über den Hintritt (1142) Oduin's Abt v. S. Guillain. Gall. Christ. nov. 3, app. cl. 17.

Dilectis in Christo Fratribus. Trauerrundschreiben an die Kirchen Frankreichs über Hintritt Garniers Abt von St. Stephan in Dijon († 1050) Fyot Hist. d. S. Ettien. preuv. p. 65. Tr. ü. Hintritt d. Grafen v. Besalu (1020) Marca Hisp. cl. 1024.

Andere mit einem biblischen Spruch. Cum Propheta dicat: Dominus virtutem etc. Noverit itaque quisquis haec auditurus est, vel lecturus. T. ü. H. d. Mönches Herveus von Bourgdieu († 1150). Mabil. Annl. O. S. B. 6, 719, cl. 1. Tauerrundschreiben über Hintritt Ebeles Abt zu Tulle († 1152) Baluz Hist. Tutel. cl. 477 seq. Des Rotulus des Bischofes Galo von Poitiers († 1222) wird gedacht bei Marten. Thes. 3, 1222 u. Gall. christ. 2, 1179.

[103]) Z. B. Trauerrundsch. ü. d. Hintritt d. Abtes Hruodolf v. St. Riequier († 850) D'Acher. Spicil. 4. 99. Trauerrundsch. ü. H. d. Abtes Odon v. Anchin († 1113) Marten. Thes. 5, 858. Manchen fehlt nicht bloss die Angabe des Jahres sondern sogar die des Sterbetages, so dem Trauerrundschreiben ü. H. Garniers Abt v. St. Stephan in Dijon († 1050) Fyot Hist. d. S. Ettien. preuv. p. 65. Der Sterbetag des Grafen v. Cerdagne (1050) wird angezeigt, doch die andern, darunter ein Abt, werden bloss mit Namen ohne Angabe des Sterbetages aufgezählt. Trauerrundsch. über Hintritt d. Graf. v. Cardagne (1050) Marca Hisp. cl. 1095. Trauerrundschreiben über den Hintritt Yvos Abt v. St. Denis († 1172). Marten. Thes. 1, cl. 571. Solche Sterbefälle wurden also bloss zur Eintragung in das Diptichon ampliatum angezeigt. cnf. Anmk. 99.

Genauigkeit auch das S t e r b e j a h r des Betrauerten [104]) und zeigen zuweilen am Schlusse des Schreibens noch einige andere Verstorbene an, ·deren Andenken sie gleichfalls dem Gebete der Religiosen empfehlen [105]).

Der Rotulus bestand aus einer langen Pergamentrolle, die durch einen besondern Boten [106]) in Klöster etc. umgetragen wurde. Diese

---

[104]) In der Todesanzeige der Mönche an Ardo über den Hintritt des h. Benedict. († 821). Obiit autem septuagenarius, t e r t i o Idus Februarii, anno ab Incarnatione Domini o c t i n g e n t e s i m o vigesimo primo I n d i c t i o n e decimaquarta, concurrente I, e p a c t a decima quarta, anno nono i m p e r i i Ludovici piissimi Imperatoris. Vit. St. Bened. Aninan. († 821) Mabil. A. S. Saec. 4. P. 1, p. 216. Das Trauerrundschreiben über den Hingang d. h. Bruno, Stifter des Charthäuser Orden († 1101), gibt auch den Wochentag an. Proxima d i e D om i n i c a sancta illa anima carne soluta est pridie Nonas Octobris anno Domini m i l l e s i m o c e n t e s i m o Primo. A. S. S. Oct. T. 3, 736 e. Obiit autem — a n n o ab incarnatione Domini M. C. i n d i c t i o n e VIII e p e c t a VII concurrente VII I d i b u s Aprilis in ipsa h e b d o m a d a Paschae, sabbato quod est in albis, in ipso diei e x o r t u. Trauerrundsch. ü. Hintritt d. Abtes Bernard v. Marmoutier Mabil. Anal. O. S. B. 5, 669, cl. 1. Trauerrundschreiben der Mönche von Casale-Benedicti (Kirchen Prv. Bourges), worin sie den Tod ihres Abtes Andreas anzeigen. Hic etenim Beatus vir Anno ab Incarnatione Domini nostri JESU Christi, m i l l e s i m o c e n t e s i m o d u o d e c i m o, I n d i c t i o n e quinta, duodecimo Kalendas F e b r u a r i i explevit etc. D'Achery Spicil. 2, 518.

Im Trauerrundschreiben über den Hintritt d. Bischofes Marbodes v. Rennes wird der Sterbetag, aber das Jahr bloss mit „Obiit autem e o d e m a n n o pridie Nonas Novembris" angegeben und das Schreiben selbst ist nicht datirt. Marten. Thes. 1, cl. 356 b. Dormiuit — anno ab incarnatione Domini m i l l es i m o centesimo quinquagesimo quarto, Episcopatus sui t e r t i o decimo, A n a st a s i o Romano Pontifice, L u d o v i c o Francorum Rege, H e n r i c o Aquitanorum Duce, Mense S e p t e m b r i s pridie N o n a s Septembris. T. ü. H. Gilbert's Bischof v. Poitiers († 1154) Besly Evesq. d. Poict. p. 108.

[105]) Trauerrundschreiben der Mönche v. Ripouil und Coxane über den Hintritt des Grafen Besalu (1020) Marca Hisp. cl. 1025. Trauerrundschreiben über Hintritt des Grafen v. Cardagne (1050) Marca Hispan. cl. 1050. Trauerrundschreiben über Hintritt des Abtes Andreas v. Casale-Benedicti († 1112) D'Achery Spicil. 2, 520.

[106]) Cursorem praeterea nostrum diebus quibus vos adierit reficite lassum, operite nudum, et itineris ei quantulumque addite supplementum. Notatisque diebus, remittite illum in viam pacis. Trauerrundsch. ü. H. d. Grafen Besalu (1020). Marca Hisp. cl. 1025. In einem Rotulus des Klosters Moutier St. ·Jean aus d. J. 1445, der zur Circulation des Todenverzeichnisses einen besondern Mönch aussendete, wird dieser der Gastfreundschaft, der von ihm zu besuchenden

geistlichen Körperschaften zeichneten auf diese Pergamentrolle, gleichsam als Bestätigung erhaltener Todeskunde, in gebundener oder ungebundener Rede Condolenzen, Tituli genannt [107]). Auch fügten sie zuweilen gelegentlich der Condolenz einige Namen ihrer Hingeschiedenen bei [108]).

---

geistlichen Körperschaften empfohlen. Nomina fratrum nostrorum defunctorum penes nos et Ecclesiam nostram per carum fratrem nostrum — Philippum Macé Commonachum nostrum expresse.professum latorem praesentium quem ad hoc nuncium constitimus specialem in quodam rotulo descripta, vobis mittimus — Nomina vero illorum, qui apud vos decesserunt ad — nostrum Monasterium per eundem nuncium remittetis. Et ne dictus Frater Phillippus — alimenti suum iter rumperet inaniter — vestras manus in refectionibus, et aliis necessariis porrigite supplicamus. Rover. Reomaus. p. 336. Der Überbringer des Trauerschreiben wurde bewirthet. Latori quoque praesentium pro amore Dei, et mirandi pontificis honore necessaria ministrate. Trauerrrdsch. ü. H. d. Bisch. Marbodes († 1123) Marten. Thes. 1, cl. 356 d. In den Statuten der Todtenbruderschaft zu Gloggnitz (1355) wird die Aussendung eines Boten (eines Leichenbitters) verordnet. Daʒu haben wir gesetzt, welcher unter uns stirbt — daß soll man unsern Camern kund machen, die dann ʒe Hand einen Potten aussenden, von Pruedern ʒu Pruedern, und den kund machen des Prueder, oder Schwester Tod, und welcher dann — nicht cham ʒe seiner Pegräbnus, derselb wer vor allen ʒe wandeln ain Pfund Wachs. Mon. Boic. 4, p. 170.

[107]) Du Cang. Gloss. v. titulus 6, 597, cl. 3. Precamur quoque ut quorumcumque locorum congregationes, aut personae religiosae ejus agant memoriam, se nominatim non pigeat in hac carta subscribere, etc. Trauerrundschreiben über d. Hintritt d. h. Bruno († 1101) A. S. S. Oct. T. 3, 736 d. Der Rotulus über den Hintritt der Abtissinn Mathilde von Caen († 1110) zählt 247 Tituli, der des s. Vitalis († 1122) Gründer der Abtei von Savigny 206 solcher. Delisle in der Bibl. d. l'écol. d. chart. V. 3, Ser. 2, 361. Verificirte Condolenzen mehrerer Trauerrundschreiben v. Balderich v. Bourgueil († 1108). Du Chesne Scr. Franc. 4, 251—253.

[108]) Denique praesenti rotulo titulos vestros apponite, defunctorum nomina breviter annotare, ut quod nostris salubriter petimus, vestris devotissime persolvamus. Trauerrundschreiben über Hintritt Marbodes Bischof zu Rennes († 1123) Marten. 1, cl. 356 d. Cuius rei gratia, Fratres Charissimi, his quos annotatos aspicitis cum omnibus vestris orationibus succurrere nitimini. Trauerrundsch. ü. H. Garniers Abt v. St. Stephan in Dijon († 1050) Fyot Hist. d. S. Ettien. preuv. p. 70, Nr. 103, 104. cnf. 101. Oravimus pro vestris, orate pro nostris primo pro Charissimo Magistro nostro Roberto et — Abatissis nostris Petronilla et Matilde. Trauerrrdsch. ü. H. Herberts Abt v. St. Stephan in Dijon († 1157) Fyot Hist. d. l'égl. d. S. Etienne. preuv. p. 259, Nr. 366. cnf. ibd. Nr. 367.

Die Todesanzeige schrieb und empfing in vielen Klöstern der
Bibliothekar, der auch zuweilen die Stelle des Archivares mitbe-
kleidete; sein Geschäft war es, die ad acta gelegten Menschen, die
abgeschlossenen Leben in das Buch der Todten zu registriren [109]).
Wir bemerkten früher (Anmerk. 47) dass zur Erlangung einer
Grabesstätte in den geweihten Räumen eines Klosters viele Be-
mittelte reiche Donationen machten. Solche Stiftungen erregten die
Eifersucht des weltlichen Clerus, und überdies durchkreuzte späterhin die sich überallhin verbreitende Aufnahme in die Fraternität
einer klösterlichen Körperschaft mannigfach die pfarrliche Zustän-
digkeit der Leichen. Der Secular-Clerus beschuldigte den klösterlichen der Erbschleicherei, bestritt ihm das Recht der Beerdigung [110])

---

[109]) (De Armario) B r e v i u m qui mittuntur per cellas nostras, vel per alia loca
pro Defunctis Fratribus, et eorum, qui de foris veniunt, — vel n o t a n d i a n-
n i v e r s a r i a, ad eum pertinet. Bernardi (S. XI) Ord. Cluniac. p. 163. S o l u s
A r m a r i u s tantum Defuncti nomen scribit in M e m o r i a l i Fratrum, et B r e-
v e s. St. Wilhelm († 1091) Constit. Hirsaug. ibd. p. 568. cnf. Hist. liter d.
l. Fr. 9, 92. Den Tod des Kaisers durfte vielleicht zuweilen der Gaugraf angezeigt haben. cnf. Pez Thesaur. Anecdt. 6, P. 1, 122 d.

Abt Thiemo († 1102), der zu seiner klöserlichen Vervollkommnung sich län-
gere Zeit in Hirsau aufhielt, hat wahrscheinlich die Hirsauer Übung in seine
Abtei eingeführt. Domnus Diemo — primum Abbaciam suam in Saltzburg
dereliquit et pro desiderio vite perfectioris monasterium nostrum adiit. Cod.
Hirsaug (auct. c. S. XIII int.) p. 21, Bibl. d. lit. Verein in Stuttg. B. 1. cnf.
Chron. Noviss. S. Petr. Salisb. p. 196. cnf. P. M. Germ. 13, p. 54, l. 32. Der
h. Wilhelm Abt v. Hirsau († 1091) und seine Schüler führten das Cluniacenser Herkommen in zweiundzwanzig von ihnen neu errichteten deutschen
und in andere achtundsechzig durch sie reformirte Klöster ein, darunter
Admont und Salzburg. Hergott Vet. Discipl. p. 572 seq. Cod. Hirsaugens.
p. 21 seq. Bibl. d. liter. Verein. in Stuttg. B. 1. Wir besässen somit in dem Diptychon ampliatum v. St. Peter in Salzburg (edt. v. Karajan) vom Ende des
X. Jahrhunderts an eine Autographen-Sammlung, die der Handschriften der
Bibliothekare v. St. Peter.

[110]) Die Leichen der Erzbischöfe von Canterbury wurden in dem ausserhalb den
Mauern v. Canterbury gelegenen den Aposteln Peter u. Paul gewidmeten
Kloster bestattet. Aber Erzbischof Cuthbert, der es mit Missgunst gesehen
haben mochte, dass die Mönche eine Vergünstigung genossen die eigentlich der
Kathedrale gebühre, erbaute einen neuen Dom, und befahl den Seinen dass wenn
er zum Sterben käme, man sein Kranksein und seinen Tod alsolang bis er in der
neuen Kirche begraben worden sei, verheimlichen solle. Diesem Befehle wurde
gewissenhaft nachgekommen. Und als dann das Todtengeläute vernommen
wurde, versammelte Janbyrht seine Mönche, und verfügte sich in den erz-

und suchte zuweilen die Bestattung vornehmer Parochialen in klösterlichen Grabstätten sogar mit gewaffneter Hand zu hintertreiben

---

bischöflichen Palast um die Leiche in Empfang zu nehmen. Aber dort bedeu-
tete man ihnen, dass der Erzbischof bereits in der Kathedrale beerdigt worden
sei. Überrascht und missvergnügt kehrten Abt und Mönche in ihr Kloster zurück. Cum ergo pro eo signa pulsarentur, et notitia mortis eius palam divulga-
retur, abbas — cum sociis suis festinus accessit, corpus archiepiscopi iuxta
ritum pristinum secum laturus. Sed cum iam sepultum reperiret — nimis
turbatus ad propria remeavit. Gervas. Act. Pontif. Cantuar. ap. Twisd. S. R.
Angl. 2, cl. 1641, l. 31. Streit zwischen Kloster St. Peter in Chalon, und dem
Bischofe daselbst (c. S. XI ext. v. XII int.) Gallia Christ. 4, app. cl. 235 a.
seq. Streit (1123) zwischen den Domherrn und Mönchen von St. Ambrosius in
Mailand. De sepelitione mortuorum, vnde magnum scandalum erat; si Canonici
tantum inuitati fuerint etc. Puricelli Ambros. Basilic. p. 569. Bei Streitigkeiten
mit einem Kloster, in welchem sich das Familiengrab befand, liess die Witwe
ihren verstorbenen Gatten nicht dort, sondern in ein anderes Kloster begraben. (c. 1140) Mon. Garsensia ap. Mon. Boic. 1, p. 53. Streit zwischen Ci-
teaux und dem Convent v. Maceria, wegen Beerdigung eines Sohnes des Herzoges v. Burgund (1205) Marten. Thes. Anecdt. 4, 1302 b. Meister Gerhard,
Stadtpfarrer in Wien, bestritt dem Schottenkloster daselbst die von ihm in der
Stiftskirche und in anderen Capellen geübten pfarrherrlichen Rechte. Der
päpstliche Subdelegat aber bestätigte diese den Schotten (1265) für ihre Stiftskirche, gestattet ihnen auch, mit Ausnahme der Taufe und des Begräbnisses, diese
Rechte für die Capellen, predicare, festa indicere, conmemorationem
facere animarum, parvulos baptizare, confessiones audire, remissiones
facere, dare Corpus Christi, penitentias injungere, matrimonium conjungere,
mulieres post partum introducere, mortuos pretextu fraternitatis, ac
hospites et peregrinos, nec non familiam Ducis sepelire etc. — In Capel-
lis vero reliquis superadictis hec omnia predicta fieri liceat, praeter quam
baptismus et mortuorum intumulatio, secundum consuetudinem antiquam.
Hormayr. Gescht. Wien 1, Hft. 3, p. LXXXVI. (Im J. 1271 bestätigte ihnen
K. Ottokar v. Böhmen in einer besonderen Urkunde dieses Begräbnissrecht etc.
ibd. p. LXXXVIII.)

Streitigkeiten zwischen Kloster und Kloster wegen Beisetzung der Leichen.
(Decretal. Greg. IX. l. 3, T. 28, c. 6. Alex. III. 1254—1261.) Ein zu Oxford
1280 abgehaltenes General-Capitel des Predigerordens untersagt seinen Mitgliedern, jene Frommen, um Scandal und Streit zu meiden, die anderswo sich
begraben zu lassen gesonnen seien, nicht zu überreden dass sie ihre Ruhestätte bei ihnen wählen. Item, si cavere a scandalis et injuriis debeamus,
caveant fratres nostri, ne alliciant vel inducant ad eligendum apud nos sepulturam illos, quos noverint apud alios elegisse. Marten. Thes. Anecdt.
4, 1801 d. Und noch im Jahre 1368 wurde von dem Pfarrer der Salzburger Pfarrkirche dem Kloster St. Peter in Salzburg trotz der Gestattung

(cnf. Mabil. Annal. ad. an. 1083, 5, p. 191, 512, cnf. Anmerk. 110, an. 1386). So gelangte mancher Name erst nach Streit, Hader und Menschenblutverguss zur Eintragung in das Nekrolog.

durch Erzbischof Konrad I. (1139, p. 215, cl. 1) das Recht der Bestattung streitig gemacht, und die Beerdigung einer nach dem Kloster geführten Leiche gewaltsam verhindert. (Chron. Novis. St. Petr. p. 335, cl. 1.) Wenn die Bulle d. P. Sergius I. (698) von unbestrittener Echtheit wäre (Pardess. Dipl. Gall. Fr. 2, 249, Nr. 447), so würde sie als eines der ältesten Zeugnisse des Streites zwischen regulären (Kl. S. Benigni) und weltlichen Clerus über das Recht der Begräbniss-Stätten zu gelten haben. Daher lassen sich in späterer Zeit Klöster ausdrücklich in der Stiftungsurkunde oder in päpstlichen Bullen das Recht der Beerdigung verleihen. K. Ludwig der Blinde bestätigt (894) mit Beistimmung der Bischöfe und Grafen etc. dem Bischofe Isaac von Grenoble unter mehreren geistlichen Rechten auch ut — nullo contradicente in praedicta Ecclesia — pauperes ibi et nobiles mortuos sepeliendo. Bouquet. Recl. 8, 675 e. Donat. (894) an d. Kl. Ahdorf. Neugart. Cod. Alem. 1, p. 495. (1038) Schaten Annal. Paderborn. p. 513, et ab his uicissim procurarentur subiecte plebes in baptismate in eucharistia in sepultura in confessione peccatorum audienda. K. Heinrich III. bestätigt (1039) d. Abt Truchtmar die Privelegien etc. der Klöster Corvei und Herford. Falke Cod. Trad. Corb. p. 742. Insuper nemo ibidem sepeliri prohibeat mortuum. B. P. Stephan IX. (1057) für Kl. St. Peter in Perugia Bull. Mag. 1, 396, cl. 2. edt. 1739. Donat. (1070) Guérard Chartul. d. S. Père d. Chartres 1, 192. cnf. ibd. p. 1080 (1080) ibd. 196. cnf. 200, 237. (1092) Bullar. Cassin. 1, p. 11, Nr. 13. (1094) Hergott Geneal. 2, p. 129. (1098) Wirtemb. Urkundb. 1, p. 309.

Päpstliche Bestätigungs-Bulle (1105) an Kloster Admont. Pez. Thes. Anecdt. 3, P. 3, cl. 660 e. (1109) Ussermann Episcop. Bamberg. app. p. 63. Fidelesque omnes, qui voluerint, in monasterio sepelire libere posse. B. d. P. Paschal II. (1110) an Kl. Melk. Schramb Chr. Mellic. p. 52. Eine Urkunde v. 1120 gestattet den Nonnen von Broburg ein Cimeterium, doch durften sich nur ihre Hörigen dort beerdigen lassen. Guérard Chart. d. l. Fr. 3, p. 336. (1122) Wirtemb. Urkundb. 1, p. 353. (1130) Guden. Cod. Dipl. 1, p. 57, an. 1130 gleiches Recht dem Kl. Bischofsberg ibd. p. 83. Concessum etiam ipsorum Fratrum rogatu, ut quicunque fidelium ibi sepeliri voluerint, remota omni exactione, conductu Presbiteri sui, sicut dignum est, illic sepeliatur. Erzbischof Adalbert I. v. Mainz bestätigt die Gründung des Kl. Bischofsberg (1130) Guden. Cod. Dipl. 1, p. 82. Concescimus etc. — sepeliri voluerint, omni contradictione presbiteri sive Parrochani cessante, baptismum et sepulturam quietam illic inveniant. ibd. p. 86.˙ (1139) Chronic. Novis. St. Petri Salisburg. p. 215, cl. 1. (1140) Mon. Boic. 8. 514. cnf. ibd. p. 523 B. (1146) an Kl. Reichersberg: Urkundb. d. Land. ob d. Enns 1. p. 280. (1158) Hormayr Gescht. Wien 1, 3. Hft. p. XVIII. (1178)

74

Vergleichen wir die Zahl der Verbrüderungen einer geistlichen Körperschaft mit der der Eingetragenen in das Diptychon
ampliatum oder Nekrologium, so finden wir dass die Summe der
eingeschriebenen Namen in den meisten Fällen unter der zu
erwartenden Höhe bleibt. Setzen wir den Personalstand eines
Klosters im Durchschnitte auf 30 Individuen [111]), die Zahl der Ver-

---

Guden. Cod. Dipl. Mog. 1, 268. (1179) Zeuss Tradt. Wizenb. p. 321. cnf. Van
Espen Op. 1, 911, Nr. 38 seq. edt. Lovan. 1721. cnf. Thomassin Discipl. 3,
p. 255 seq. edt. Paris 1688.

[111]) In Tegernsee sollen sich hundert und fünfzig Mönche befunden haben
(S. VIII) Pez Thes. Anecdt. 3, P. 3, cl. 499 c. Im Kloster Winchcombe sollen
(c. S. IX int.) dreihundert Mönche gelebt haben. De illo autem quod
antea diximus Kenulphum — regem Winchelcumbense coenobium con-
struxisse, et in eo collocasse monachos numero trecentos etc. Dugdal.
Monast. 2. 302 cl. 2. edt. Lond. 1846. Im Kloster St. Bertin befanden sich
(c. 820) dreiundachtzig Mönche. Nam in capitaneo apostolorum seu
sancti Bertini loco, ubi LXXXIII monachi deserviebant Domino. Guérard Chart.
d. l. Franc. 3, p. 74. Ein Verzeichniss der Mönche aus späterer Zeit ibd.
p. 155. Das Kloster Aniane zählte unter dem h. Benedict († 821) mehr als
dreihundert Mönche, und seine Baulichkeiten boten Raum für Tausend.
Aucta est autem turba monachorum — ita ut plusquam trecenti fierent,
ob quorum eximiam congregationem talem mansionem construere iussit, quae
mille et eo amplius homines capere videtur, centum recipiens cubitos in
longitudinem et viginti in latitudinem. Vit. S. Benedict. Anian. († 821) Mabil.
Act. Sanct.O. S. B. Saec. 3, P. 1, 204.
Im J. 838 zählte das Kloster St. Denis in Paris hundert und vierund-
zwanzig Mönche. (Ihre Namensverzeichnisse bei D'Acher. Spicil. 4, 230,
die beiden Ludwige sind nicht mitgerechnet.) Kl. St. Mandrille besass (853)
Einkünfte für den Unterhalt von siebzig Mönchen. Bouquet Recl. 8, 523 b.
Das Kloster St. Vast zu Arras hatte Einkünfte zum Unterhalte von hundert
und zwölf Mönchen. Donat. (867) K. Karl d Kahl. Bouquet. Recl. 8. 606. a.
K. Karl. der Kahle stiftete (877) das Kloster Compiegne für hundert Kanoniker. Bouquet Recl. 8, 660 b. Kl. St. Bertin zählte (877) fünfzig Mönche.
Guérard Chart. d l. Franc. 3, 125. Die Dotation des Chorherrnstiftes zu Toul
reichte für siebzig Chorherren aus. Bestätt. (885) K. Karl d. Kahl. Bouquet
Rec. 9, 343 c. Kl. St. Apri bei Toul wurde (885) für vierzig Mönche
dotirt. Bouquet. Recl. 8, 341 d. Kloster Marollies (921) für dreissig
Mönche. Bouquet. 9, 550 c.
Ein Verzeichniss der unter Abt Hadamar († 965) in Fulda lebenden Mönche
führt Einhundert und zwölf Namen auf. Dronke Cod. Trad. Fuld. p. 175
Kloster Holzkirchen zählte siebzig Personen (52 Mönche und 18 Zöglinge)
ibd. p. 184, wo p. 183 noch mehrere solche Namenslisten verschiedener
Klöster aufgeführt werden. Unter Abt Wilhelm zu Hirsau († 1091) sollen

brüderungen auf 15 (s. Anmerk. 12) die Sterblichkeit auf 3 Percent

---

sich im Kloster mehr als hundert und fünfzig Mönche befunden haben: absque multitudine fratrum barbatorum, quorum conuersationis auctor ipse primus extitit. (Cod. Hirsaug. auct. c. S. XIII int. p. 5, Bibl. d. lit. Ver. in Stuttg. B. 1.) Im J. 1042 zählte Kl. Tegernsee drei und dreissig Mönche. Haec sunt nomina tegerinscensium fratrum viventium. Leutner Hist. Wessofont. App. p. 46. Das Bened. Kl. St. Michael in Bamberg zählte (c. 1123) mehr als siebzig Mönche. Quia dum non plus quam viginti fratres — invenimus, iam Deo gratias plus quam septuaginta ibi cernimus. Bischof Otto's Rundschreiben. Usserm. Episcop. Bamberg. app. p. 73, Nr. 77. Die Statuten der Karthäuser setzen die Zahl der in einer Eremitage befindlichen auf dreizehn Mönche, der Laien-Conversen auf sechzehn fest. Guigo. († 1137) Stat. Ord. Carthus. Holst. Cod. Reg. 3, 33,1 cl. 2. Zu dem im Jahre 1132 in Cluny abgehaltenen Generalcapitel versammelten sich aus allen Ländern zweihundert Prioren und zwölfhundert Mönche (Order. Vital. p. 896). Beim Hintritte des h. Bernhard († 1153) soll Clairvaux an siebenhundert Mönche und Conversen gezählt haben. Mabill. Anal. O. S. B. 6, 528. Das Cistercienser Kloster Pontigny zählte im XII. Jahrhundert bloss an Priestern fünfzig Individuen. Marten. Thes. 3, 1222. Das Minimum des Klosterpersonales (bei Cisterciensern und auch andern Orden) war mit Einschluss des Abtes auf dreizehn Mönche beschränkt. Statut. Cap. generl. ord. Cisterc. (1189) Marten. Thes. Andt. 4, 1263 e. Unter Abt Hugo V. von Cluny (1199 — 1207) waren viele der Klöster überfüllt. Quia ex numerositate monachorum, plurima loca nostro gravantur, statuimus ut infra triennium — nullus unquam monachus nisi ad succurrendum, recipiatur. Marrier. Bibl. Cluniac. cl. 1460 a. Die Abtei Cassino zählte (c. S. XIII ext.) an hundert Mönche. Gattul. Hist. Cassin. 2, 533.

Schon zur Zeit Peter des Ehrwürdigen (1122 — 1156) näherte sich in einigen, wenn auch seltenen Fällen, die auf einen Tag fallende Summe der Verstorbenen der Cluniacenser-Congregation der Zahl von fünfzig. Raris tamen adhuc diebus defunctorum fratrum nomina usque ad quinquagenarium numerum perueniunt. Petr. Venerab. (1122—1156) Stat. ap. Marrier Bibl. Cluniac. cl. 1363 d. Von den Verstorbenen verbrüdeter Klöster wurden bei Cisterciensern jährlich nur die sechs ersten Namen gelesen. Monachi St. Guthlaci, canonici St. Crucis de Vualtera, et canonici de Reiseburne, et monachi monasterii St. Johannis scribantur in commemoratione familiarum nostrorum, singulis annis sicut alii recitandi, in qua commemoratione sex. nomina tantum de primis specialiter nominentur. Capit. generl. Ord. Cisterc. (1196) Marten. Thes. Anecdt. 4, 1288, Nr. 22.

Manche Klöster waren der Art überfüllt, dass die Zahl der Aufzunehmenden beschränkt werden musste. Karl d. Gr. beschränkt (769) die Zahl der Kanoniker d. h. Albinus bei Angers auf fünfzig, „interea etiam constituimus ut numerus fratrum ultra quinquegenarium numerum ab aliquo eorum Abbate nullo unquam tempore non augeatur. Bouquet Recl. 5, 717 b. Ludwig d

fest [112]), so werden in 100 Jahren in 1 Kloster 90, in 500 Jahren 450, also in 16 Klöstern 7200 Sterbefälle Statt gefunden haben. Rechnen wir ausserdem noch für die ein Nekrolog führende geistliche Körperschaft in jedem Jahrhunderte 80 Donatoren [113]), so wird sich die Zahl auf 7600 stellen. Es träfen daher auf jeden Tag ungefähr 20⁵/₆, oder für ein Kloster von 300jährigem Bestande ungefähr 12¹/₂ Einzeichnungen, eine Zahl die in den wenigsten Fällen erreicht wird.

Unter den dieses Deficit begünstigenden Ursachen tritt uns zuerst die entgegen, dass die Verbrüderung zwischen geistlichen Körper-

___

Fromme beschränkt (820) die Zahl der Mönche des Klosters Cormery auf fünfzig. Et placuit nobis certum numerum constituere, ut quinquaginta Monachi sint, nisi Deus dederit majorem facultatem rerum in praedicto loco, ut plures possint recipi. Bouquet Recl. 6, 520 a. Die Zahl der Mönche in St. Denis war auf hundert und fünfzig beschränkt (832). Bouquet Recl. 6, 580 e. Das Benedictiner-Kloster St. Stephan in Würzburg zählte (1057) dreissig Mönche. „Triginta fratres monasticae professionis ibidem instituimus." Schannat Vind. 1, p. 174. K. Ludwig VII. beschränkte (1175) die Zahl der Nonnen von Cuisse auf vierzig. Mabill. Annal. O. S. B. 6, 721, cl. 1. Viele Klöster der Cistercienser waren übervölkert, so dass in diesen für den Zeitraum von drei Jahren die weitere Aufnahme eingestellt wurde. Frequenter ex nimio personarum numero nonnulla ordinis nostri monasteria praegravantur — Propterea statuimus, ut de personis tam monachis, quam conversis, nec non et familiaribus nullus in hoc triennio recipiatur. Stat. Capit. general. (1191) Marten. Thes. Anecdt. 4, 1274, Nr. 25.

Eine Anordnung des Abtes Heinrich V. von Hirsau setzte fest (1300), dass ausser den älteren Officiatoren die Zahl der Mönche die von vierhundert, die der Zöglinge (Scholares) die von zweihundert nicht überschreiten dürfe. Statuimus irrefragabiliter observandum videlicet quod dominorum numerus et prebendarum ipsis competentium quadragenum, scolarium vero duodenum, officiatorum senum excedere non licebit. — Dronke Cod. Diplom. Fuldens. p. 425. Die Zahl der geistlichen Personen im Kloster Banz wurde (1379) auf Zwanzig beschränkt. Ussermann Epis. Wirceb. app. p. 88. Über den überaus zahlreichen Personalstand der Klöster, besonders der Frauenklöster im XIII. und XIV. Jahrhundert führt Hurter (kirchl. Zustände 1, 528) Urkunden, welche die Aufnahme beschränken, aus Marten. Ampl. Coll. 4, 1179, 1, 998. Gall. Christ. 8, 1704 etc. an.

[112]) Im Kloster Ripouil und Coxane starben während dreier Monate (1020) neun Mönche, s. Anmk. 129 an. 1020. Im Kloster St. Bertin starben an der Pest (c. 1021) eilf Mönche. Guérard Chart. d. l. Fr. 3, 173. Vom Jahre 1079 bis c. 1114, in 35 Jahren, starben achtundfünfzig Kanoniker des Domcapitel von Hildesheim. P. M. Germ. 9, 849, l. 11 seq.

[113]) Das Tegernseer Traditions-Buch zählt in dem Zeitraume von 198 Jahren mehr als 360 Donationen auf. Mon. Boic. 6, p. 9 — 150.

schaften im Laufe der Zeiten in Vergessenheit gerieth, ein Schicksal das sie mit den meisten jener Verbindungen theilen, denen kein materieller Vortheil zu Grunde liegt. Man sah daher häufig den Verbrüderungspact zu erneuen sich veranlasst [114]). Ferner dürften

---

[114]) Verbrüderung zwischen St. Gallen und Reichenau erneuet (945). Neug. Cod. Alem. p. 453, und nochmals im Jahre 1145, Goldast S. R. All. p. 154, cl. 1. Abt Wilhelm I. von St. Germain des Prez verordnet (1028), dass die in Vergessenheit gerathene Übung, alle Tage im Capitel die Namen der an diesem Tage verstorbenen Brüder zu verkünden, wieder aufgenommen werde. Quae quidem consuetudo pro quibusdam causis depravata est. Id actum est consilio et testimonio Baldrici Burguliensis abbatis. Bouillart Hist. d. St. Germ. App. p. XXIV. cf. p. CLII. cl. 2.

Verbrüderung erneuet zwischen Chalon und Dijon (1111). Gall. Christ. 4, app. 4, cl. 237 b, zwischen dem Cathedralcapitel zu Mainz (c. S. XII int.). Schannat Vindem. 1, p. 5, zwischen dem Cathedralcapitel von Mainz und Kloster St. Gallen erneuet (1188). Guden. Cod. Dipl. 1, 290, zwischen St. Vincent und St. Pierre d. Chalon. Gall. Christ, 4, app. cl. 245 a. Verum quia tantae dilectionis confoederatio usque modo per negligentiam vel oblivionem novercam memoriae tepide fuit et segniter observata ¦etc. (1228) zwischen Kl. St. Johann in Chartres und Kl. St. Quentin in Beauvais. D'Acher. Spicil. 11, 366. Quos ordinata caritas una professione inunivit, — (unius) ordinis informatione — plenariam fraternitatem — renouamus. Verbrüderung der Michelsberger Benedictiner mit den Melkern. Keiblinger, Gesch. v. Melk 1, 1137. cnf. Pez. Thes. 6, P. 2, p. 57, cl. 1.

Dominis praedilectis et in Christo reverendis venerabili Tûmpraeposito totique Capitulo sanctae ecclesiae Salzburgensis. Ulricus dei gracia prepositus vniversumque Capitulum ecclesiae Gurcensis orationes in domino et seinceram voluntatem debiti famulatus, assurgimus pietati uestre uberes gratiarum actiones referrentes, quod fraternitatem a nobis exegistis antiquae caritatis officia renovantes. Quam uice uersa nobis concedi et remitti a vobis in Jesu Christo postulamus, promitentes omnium orationum missarum elemosinarum, et singulorum beneficiorum quae fieri in conuentu nostro possint ad cultum dei et honorem vos participes fieri tamquam dominos in Christo praedilectos sub quorum favore semper cupimus respirare. Dat. VII^mo. Kalendas Julii in prima uespera beati Viti. XVII^mo. Kal. *(Original-Urkunde mit Siegel im k. k. H. H. u. St. Archiv.)*

Erneuerung zwischen Hirsau und St. Emmeram in Regensburg (1280) Pez. Thes. Anecdot 6, P. 2, 123. Praelibata Fraternitas — jam aliquod spatium temporis oblita existit. Zwischen Kl. St. Emmeram in Regensburg und Kl. Elwangen (1286) Pez. Thes. Anecdt. 6, P. 2, 124, cl. 2, quod, cum venerabile Monasterium S. Em. Ratisb. cum Ecclesia nostra plenam confraternitatis unionem ab antiquis temporibus contractam habuerit, quae solum diuturni temporis processu tepuit. Erneuerung zwischen Kloster Fulda und St. Emmeram

auch die zuweilen zwischen verbrüderten geistlichen Körperschaften zeitlichen Besitzes halber, entstandenen Misshelligkeiten auf Zusendung des Breve nachtheiligen Einfluss geübt haben [115]). In manchen Fällen wurden die Verstorbenen allzu summarisch angezeigt [116]), oder entfernte Klöster liessen die Zahl ihrer anzuzeigenden Hingeschiedenen auf 10—12 anwachsen [117]). Geschah es nun, dass ein lässiger Bote [118]), ein solches Breve einem Kloster zu überbringen ver-

---

(1289) ibd. 125. Legationes vestras hactenus multiplices recepimus super renouanda fraternitate, inter nostrum et vestrum monasterium olim habita, sed abolita ut dicitis temporum vetustate. Verbrüderung (1308) zwischen dem Benedictiner KlosterAlteich und Prämonst. Kl. Osterhoven. Mon. Boic. 12, 437.

Fraternitätsbündnisse selbst zwischen nahe gelegenen Orten scheinen im Laufe der Jahre in Vergessenheit gerathen zu sein, und 1449 wird eine zwischen St. Pölten und Melk 1305 (vid. Keiblinger, Gescht. v. Melk, 1, 188) geschlossene Verbrüderung erneuet. Hueber. Austr. ex archiv. Mellicens. 2, p. 33 et 122.

[115]) Z. B. Streit zwischen dem Bisthume Basel und dem Kloster St. Blasien (1141) Hergott, Genealog. 2, p. 165.

Papst Cölestin II. gleicht die Misshelligkeiten die zwischen dem Kloster Vivo und dem von Calmaldoli herrschten aus, und befiehlt: Prior vero de Vivo ad anniversarium capitulum Calmaldulensium fratrum vadat — Brevia vero mortuorum fratrum utrinque secundum consuetudinem Calmaldulensis congregationis recipiantur etc. Mittarelli Annal. Calmald. 3, app. 407.

Streitigkeiten zwischen Kl. Admont und Kl. St. Peter in Salzburg. Pez, Thes. Anecdt. 3, P. 3, 711 c seq.; gleiche zwischen Kl. Benedictbeuern und Admont. ibd. 634 c.

Über Streitigkeiten der Cistercienser mit andern geistlichen Körperschaften s. Manrique Annal. Cisterc. 1, Index. v. lites. cnf. Anmk. 110. cnf. Pez, Thes. 6, P. 2, p. 73, cl. 2. Chron, Nov. St. Petri p. 261, cl. 2. Urkundb. Wirtenb. 1, 141.

[116]) Die Mönche von Canigone zeigen (1050) den Tod mehrerer ihrer Brüder an, und schliessen mit den Worten: et aliorum quorum nomina ille scit qui ea condidit. (Marca. Hispan. cl. 1095). Die Famuli werden summarisch bezeichnet (Et alii familiares nostri). In Fällen wo einer dieser aber dennoch namentlich aufgeführt wird, wird der blosse Name eingezeichnet. (Guidonis Discipl. Farfens. p. 13.)

[117]) De Fratribus habentibus societatem loci nostri, qui adeo sunt remoti, quod saepe brevis non possit transmitti, ut sunt Fratres de maiori Monasterio, et Massilienses, talis consuetudo est, ut illi scribant suos, et illi suos decem vel duodecim qui defuncti sunt in anno et mittunt insimul, vel sicut tempus finientium, et commoditas mittendi, evenit. Bernard. (S. XI) Ord. Cluniac. p. 274.

[118]) Die Breveboten scheinen zuweilen vorgegeben zu haben, das Rundschreiben in den ihnen anbefohlenen Klöstern etc. vorgezeigt zu haben, ohne dass diese

säumte, so war der Ausfall für das Nekrologium ein bedeutender. Zuweilen wurden bereits vollzogene Einzeichnungen in das Diptychon ampliatum oder Nekrologium in der Folge wieder gelöscht. So trat im Diptychon eine Rasur ein, wenn der eingezeichnete in Haeresie verfiel [119]). Im Nekrologium fand Löschung des Namens Statt, wenn der Verstorbene in die Zahl der Heiligen aufgenommen wurde, wo er dann aus dem Nekrologium in den Canon vorrückte [120]).

Gelegentlich der Erwähnung der in Nekrologien vorkommenden Rasuren sei ferner noch bemerkt, dass solche auch zuweilen durch die Natur der Stiftung bedingt waren. Es stellten nämlich manche Hochgestellte bei ihrer Stiftung die Bedingung, dass während ihrer Lebenszeit ihr Geburts-, Weihe- oder Krönungstag gefeiert werde, nach ihrem Tode aber diese Feier auf ihren Sterbetag übertragen werde [121]). Man trug nun, um dieser Bedingung gerecht zu werden,

---

Vorweisung wirklich erfolgt wäre. Man ersucht daher im Rotulus den Empfang mit Angabe des Tages zu bestätigen. Diemque aduentus praesentis cursoris ad vos venientes per monimenta Kalendarum significari, ne fallaciae suae praestigiis nobis possit mentiri. Trauerrundsch. t. H. d. Abtes Hruodolf v. S. Riquier († 850). D'Acher. Spicil. 4, 499.

[119]) Beispiele aus frühen christlichen Jahrhunderten, wo aus diesem Grunde die Namen geistlicher und weltlicher Personen in den Diptychen gelöscht wurden, s. Du Cang. Glos. v. Diptycha. 2, 864, cl. 1, 865, cl. 1. (XIII Kal. Jul.) Megenhart epc. ob. (von späterer Hand bemerkt) cuius memoria non agitur propter excommunicationem. Nekr. d. Domcapit. z. Bamberg (c. 1120 seq.) Bericht d. hist. Ver. z. Bamb. 7, 197. Es ist Meginhart II. B. v. Würzburg u. († 1088) als treuer Anhänger K. Heinrich IV. im Kirchenbanne Gregor VII. gestorben, s. Usserm. Episc. Wirceburg. p. 54.

[120]) So z. B. wurde der Name Meginart, der am 21. Jan. eingeschrieben war, später gelöscht. Es kommen indessen die Namen einiger Canonisirter vor, jedoch ohne Bezeichnung der Canonisation: z. B. Uldalricus episcopus augustinus am III. Non. Jul. Heinric. Imper. Fintannus. Keller das Nekr. v. Reichenau, p. 41. Mitth. d. ant. Gesell. in Zürich, 6. B., 2. Hft., p. 41, so auch ungelöscht II. Non. (Decb.) Anno Archi-Episcopus. Nekr. d. Kl. Lorsch. Schannat. Vind. 1, p. 40. (S. IX—XV.)

[121]) K. Ludwig der Stammler Bestätig. (878) an Bischof Ingelwin v. Paris. Bouquet 9, 402 d. Decernimus quoque, ut in anniversario die nostrae ordinationis ad imperium, quae est pridie kal. April. fratres servitium inde habeant, et trecenti pauperes pascantur, et ex his duodecim vestiantur. et — idem post obitum nostrum in anniversario nostro observari disponimus Dont. (1101, 26. Mrz.) d. K. Heinrich IV. an d. Kl. S. Maximin. zu Trier, Hontheim Hist. Trev. 1, 476, cl. 1. Donat. (1103) d. Bisch. Heinrich z. Pa-

vorläufig den Tag ihrer Weihe oder Krönung ein (s. Anmerk. 89). Nach dem Hintritte des Donators jedoch verstand es sich von selbst, dass jene provisorisch während seines Lebens zu begehende Feier im Nekrolog gelöscht wurde. Ein fernerer Ausfall bereits Eingetragener scheint bei neuer Redaction eines Nekrologium stattgefunden zu haben. Es ist wahrscheinlich, dass man bei Neufassung eines Nekrolog manche minder bedeutende Namen ausfallen liess, um so für weitere in der Folge stattfindende Einzeichnungen Raum zu gewinnen, alte Todte mussten neuern Platz machen. (Man sehe z. B. das Nekrolog. Ottoburanum S. XII und XIII. ap. Hess Mon. Guelf. 289, seq. und das Nekrologium des Minden'schen Morizklosters. Archiv. d. hist. Verein. f. Nieder-Sachs. 1842. 366 [122]).

_____

derborn an d. Kl. Abdinghof, Schaten Annal. p. 659. Während seines L e b e n s soll der Sterbetag seiner M u t t e r , nach seinem Hintritt aber sein Sterbetag gefeiert werden: ut dum ipse vita praesenti fungitur, in anniversario matris suae fratribus inde serviatur, post obitum vero suum agendus anniversarius transeat ad ipsum. Donat. (S. XII, c. 1130) an Bened. Kl. S. Michael in Bamberg. Usserm. Episc. Bamberg. app. pag. 86, Nr. 91. Placuit quoque Abbati et Fratribus, ut diem O r d i n a t i o n i s nostre, dum viveremus, celebrarent, et post o b i t u m , nostrum quam successorem nostrorum Archiepiscoporum a n n i v e r s a r i u m solempnibus obsequiis peragerent. Erzb. Adalbert I. v. Mainz bestät. d. Stift. d. Kl. Schönau (1132) Guden. Cod. Dipl. 1, 103. Erzb. Heinrich I. (1145) ibd. p. 168. Donat. (1151) Heinrich Erzb. v. Mainz an d. Kl. St. Jacob in Mainz. Kremer Orig. 2, 173, constituit etiam ut, eo defuncto, consolatio illa in vigilia sancti Nicolai, in a n n i v e r s a r i o eius p e r p e t u a l i t e r fiat. Donat. an Prämonstratenser Kl. Scheftlarn (1164—1200) Mon. Boic. 8, 469, tali conditione, quod quilibet sacerdos in conversione sancti P a u l i Apostoli, s i n g u l i s annis apud Deum s p e c i a l i t e r cum c o l l e c t a sui m e m o r i a m facit, quamdiu ipse s u p e r v i x e r i t ; post m o r t e m vero eius a n n i v e r s a r i u m suum secundum debitum devote peragant. Donat. an d. Kl. Diessen (1250). Mon. Boica 8, 150. cnf. Anmk. 89.

[122]) In einer Dotation an das Chorherrnstift Klosterneuburg (S. XII—XIII) schenken sechs fromme Leute ein halbes Pfund Geldes und versprechen in rührender Opferbereitwilligkeit alles was sie in der Folge über Nahrung und Kleidung erarbeiten würden, gleichfalls dem Kloster zu stiften, einzig damit ihr Sterbetag unter denen der Andern verzeichnet werde. Wir vermissen jedoch ihre Namen im Nekrologium des Klosters, wahrscheinlich in Folge der neuen Redaction. Notum sit omnibus quod quidam nomine Gnennelo et uxor eius Azela et Coneza et Trotman et Hirzman et diermō[t] dederunt — dimidium talentum pro remedio anime sue insuper polliciti sunt se huc daturos omnia que habe-

Überblicken wir das bisher Vorgebrachte, so müssen wir die
Entwickelung des Nekrologium gegenüber dem Diptychon ampliatum,
als eine Eroberung auf dem Felde geschichtlicher Hilfsquellen
bezeichnen. Das Diptychon umfasst zwar Lebende und Todte, doch
begnügt es sich für beide als nacktes Verzeichniss ihrer Namen zu
gelten. Das Nekrolog beschränkt sich auf Hingeschiedene, doch
gelangen wir durch seine Einzeichnungsweise zur Kenntniss der
Sterbetage seiner Todten als zu einem wichtigen Gliede in der Reihe
chronologischer Fixirung. Das Nekrologium, hervorgegangen aus
dem Martyrologium, beschränkt sich seinem Vorbilde gemäss in der
Frühzeit seiner Entwickelung auf Angabe des Namens, der Würde und
des Sterbetages [123]). Aber mit dem XII. Jahrhunderte schreitet das
Nekrologium auf dem Wege genauer Zeitangabe um einen erheblichen
Schritt vorwärts. Man beginnt in Sonderheit bei vornehmen Ver-
blichenen neben ihrem Sterbetage auch ihr Sterbejahr [124]), zuweilen
auch die Stätte ihres Grabes anzumerken [125]).

---

bant. uel que laborando comparare poterant preter victui et uestitu necessaria,
ut dies obitus eorum eum ceteris nominibus fratrum ascribatur. M.
Fischer Cod. Trad. Claustronb. p. 20, Nr. 94. Ähnliche Donationen (772)
an St. Gallen, Neugart. Cod. Allem. 1, p. 50, Nr. 51. cnf. Donat. an Kl. Fulda
(775) Dronke Cod. Diplom. Fuldens. p. 32, Nr. 49, p. 109, Nr. 202. 8. Kal.
Mart. Petrus Damiani episcopus — Am Rande schrieb Bernold, der Abfasser
des Nekrolog, „Spatio deficiente Petri obitus diei 9 Kal. adscriptus est." Bernoldi († 1100) Nekrolog. ap. P. M. Germ. 7, 391, l. 34. Vielleicht auch dort,
wo die für die Feier des Anniversar ausgesetzten Einkünfte nicht mehr ein-
gingen, wurde der Name gelöscht. cnf. Nekr. Merseb. (S. XIV). Mittheilung.
d. Thüring. Verein 2, 233. Item simili modo perspectis libris mortuorum a
fratribus fide dignis inuenta sunt quoque plura anniuersaria antiquitus inscripta
de quibus penitus nichil habetur, quorum eciam aliqua non sunt cele-
brata a tanto tempore quantum se memoria hominum extendit. (Urk. d. dat.
Wien 13. Aug. 1443; im Archive d. Schottenklosters.)

[123]) Nos autem pene omnium martyrum distinctis per singulos dies passionibus,
collecta in uno codice nomina habemus, atque quotidianis diebus in eorum
veneratione missarum solemnia agimus, non tamen in eodem volumine, quis
qualiter sit passus indicatur, sed tantummodo nomen, locus, et dies pas-
sionis ponitur. S. Gregor. M. († 604) Epist. L. 7, Ep. 29.

[124]) Bernold, Verfasser einer Chronik, fügte am Rande seines von ihm gefer-
tigten Nekrologium chronologische Notizen hinzu. Bernoldi († 1100) Nekrolog. ap. P. M. Germ. 7, 391 seq. Gepa A. M. LXXX — Tietmar II. archi-
episc. anno mill. XLI. Salzburger Nekrologium (S. XII) Cod. palat. Vindob.
Nr. 2090, p. 23 a. Aug. VII. Id. Udalricus patauiensis eps. a. M. CXXI. ibd.

(Fortset.)

.Chronisten und Annalisten fühlten schon frühzeitig das Bedürf-
niss die Sterbejahre wichtiger Persönlichkeiten chronologisch ge-
reihet zu verzeichnen, und es entstanden die sogenannten Annales
necrologici [124]).

Mit dem stets reger werdenden Sinne für Geschichtliches macht
sich auch das Streben bemerkbar, das Nekrolog nicht blos für religiöse
sondern auch für historische Zwecke nutzbar zu machen. Man zeichnet
gelegentlich welthistorische Ereignisse ein [127]), und es genügt nicht

---

p. 24 a. Idus Jan. An. MCXLVII ob. ADELBERTUS COMES FUNDATOR
LOCI HUJUS. Excerpt. Nekrol. d. Prämonst. Kl. Windberg (S. XII seq.)
Mon. Boic. 14, p. 90. Thiemo abb. nre cong. Vdalricus pbr. et m. n. c. 1147.
Nekr. d. Kl. S. Michael in Bamberg (c. 1120—1200). Bericht d. hist. Ver. z.
Bamb. 7, p. 90, p. 92, p. 98. V Id. Febr. Anno 1286, Ludov. Abb. huj. Mo-
nast. Martyrolog. Tegernseens. ap. Freyberg. Gescht. v. Tegernsee, p. 206.
Philippus Rex. Von späterer Hand „anno 1208 " Nekrolog. Weingartense ap.
Hess. Mon. Guelf. p. 144. Anno dominice incarnationis 1033 indictione tertia
V. Non. Martii — Chunigunda imperatrix — obiit. Nekrolog. Ranshofense
(S. XIII) ap. P. M. Germ. 6, 791, l. 20. (Manche dieser Jahreszahlen sind Ein-
zeichnungen späterer Hand.) In den in einem Nekrologium mehr oder minder
häufig vorkommenden Jahresangaben dürfte uns ein Massstab für die Höhe des
in einer geistlichen Körperschaft waltenden Sinnes für Geschichtliches geboten
sein. Die Nekrologien des Klosters Rain und der Propstei Seckau, obwohl bis ins
XV. und XVI. Jahrhundert hinabreichend, zeichnen sich wenig vortheilhaft
durch ihre beinahe gänzliche Vernachlässigung der Jahresangaben aus. ap.
Dipl. Sacr. Duct. Syr. 2, 335 seq. 353 seq.

[125]) XVI Kal. Mart. Aribo Comes Palatinus Fundator huius loci hic iacet. Exerpt.
Nekrol. Seonense (S. XIII seq.) Mon. Boic. 2, 158 seq. Hi sunt mortui sacerdotes fratres nostri, quorum stacio est contra nolam. Fragmt. eines Nekrol.
(S. XIII) J. Stülz im Notizbl. d. k. A. d. W. 1852, p. 296. Die im Kampfe
schwer Verwundeten liessen sich ins Kloster bringen, quando fuit vulneratus
in certamine quod fecit cum Witardo — fuit deportatus apud Tutelam,
et timens mori dedit etc. — Hoc autem fecit propter beneficium quod factum est ei de monasterio cum esset vulneratus. Donat. (1020) Baluz Hist.
Tutel. cl. 405, cnf. ibd. cl. 475. In castro — Alst dicto, Theodoricum obsi-
dens — (Willelmus) vulneratur. Quo vulnere morti contiguus, monachus hic
efficitur; et in Sithiu cenobio deportatus ad caput Balduini dudum Flandriae
comitis, ante crucem tumulatur (1127?). Guérard Chartul. d. l. Fr. 3, 299.

[126]) Das Nekrologium Prumense beginnt in chronologischer Reihenfolge mit dem
Jahre 768 und endet mit d. J. 1106. Auszüge in Pertz. Archiv 3, p. 23 seq.
In ähnlicher Weise das aus dem XIII. Jahrhd. stammende Nekrolog. d. Bened.
Kl. Weltenburg Mon. Boic. 14. p. 90.

[127]) XV. Kal. Jul. Romae Quiriaci — (recentiori manu) eodem die interfectus est
venerabilis Fulco archiepiscopus ab iniquo Wenelmaro. Martyrol. Corbeiens.

mehr von einem der Eingetragenen bloss zu wissen dass er gestorben, sondern man gibt durch Einmerken seiner Donation in das Nekrolog [128]) auch ein Merkzeichen, dass er gelebt.

(c. S. X) ap. Marten. Thes. 3, cl. 1579 d. XII. K. S. Senefli M. Eodô die capta ě aedelheid imp. cumi a berangario rege. Nekrolog. Merseburgense (S. XI). Zeitschfl. f. Archivkunde 1, 112. XIII. K. Eodem die liberauit dn. Athelheida regina de uinculis. ibd. p. 119. IIII. K. (Septh.) Godizo. et Johannes. et godefrid comites. cum innumera sociorum suimet multitudine perempti sunt. *(Schlacht wider die Friesen 1018).* Nekrol. Merseburgense (S. XI). Zeitschft f. Archivkunde 1, 118. cnf. p. 116, p. 120. XIV. Kal. (Septh.) Hac die gloriosus Princeps Ottocharus Bohemorum rex in conflictu rudolphi Romanorum Regis occidit. MCC (recentiori manu). Kalendar. Mosacense (S. XII) ap. Althan de Kalendariis p. 166. IV. Idus Mai. Memoria occisorum in M ower b e r g. Nekr. Claustroneob. Archiv d. k. Akad. d. Wiss. 7, 284. VI. Kal. Jul. Chrafto de sleuntz occisi cum aliis multis circa S t e u z obierunt. ibd. p. 387 etc. cnf. Murat. S. R. Ital. 2, P. 2, 1037.

Auch danken wir dem Nekrologium manche g e n e a l o g i s c h e Notiz. Domna Gisela, m a t. heinrici imper. Nekrol. Merseb. (S. XI). Zeitschr. f. Archivkunde 1, 118. Gisilbtus fr. (imp.) regine chunigunde. ibd. p. 114. Heinric' dux a u u s impr. heinrici. ibd. 124. Heinricus rex p a t. magni oddon. ibd. p. 117. Hludouuic. imp. pius f i l i' Karoli magni. ibd. 116. Pipin' rex p a t. magni Karoli. ibd. p. 122. Bertha s o r o r com. rudulfi. ibd. 123. Fremuth laica et soror, m a t e r Widegonis 2, 705, cl. 2. Kalendar. Vatican (S. XII) ap. Ado. Mart. Rom. 1745. (Non. Jan.) Vlricus Dux. f r a t e r fundatricis nostre. Nekrol. d. Bend. Kl. Pegau (S. XII seq.). ap. Menken S. R. Germ. 2, 118, cl. 1 etc. Rainaldus obiit, f r at e r d u c i s, abbas Flaviniacensis. Nekrol. Flaviniacens. (c. S. XII m) ap. P. M. Germ 10, 285, l. 36. Fredericus laycus obiit, f r a t e r m e u s *(Hugonis)* ibd. l. 37, p. 286, l. 25. Chrothildis Ottonis III. filia, Conradi imperatoris soror, a v i a mea obiit p. 287, l. 42 etc. (XVII. Kal. Jul.) Berhta laica m a t e r Wolframi abbatis. Nekr. d. Kl. S. Michael in Bamberg (c. 1120—1200). Bericht. d. hist. Ver. in Bamb. 7, 195 etc. III id. Aprilis Ottilia m a t e r fundatoris huius monasterii. Excrpt. d. Nekrol. v. Wilhering, Jod. Stülz, Gesch. v. W. p. 477.

Das Nekrologium wurde schon frühzeitig als G e s c h i c h t s q u e l l e benützt. So diente dem Schreiber des Rotulus (c. 1070) des Kloster Benedictbeuern bloss das Nekrologium als Quelle. Mon. Boic. 7, p. 11 seq. Hugo Flaviniacensis (c. S. XII m) benützte gleichfalls bei seiner Chronik das Nekrologium seines Klosters, er gibt bloss den Sterbetag, aber nicht das Todesjahr einiger Äbte an. P. M. Ger. 10, 352, l. 27 seq.

[128]) Das Merseburger Nekrologium (S. XI) enthält bloss die Sterbetage, die späteren Abschriften setzen auch die Stiftung bei. Zeitschrift f. Archivkunde 1, 109. Donationen angemerkt im Nekrol. v. Wessobrunn (c. S. X—XII) Leutner Hist. Wessof. 2, p. 1 seq. Witigo, *qui dedit uineam.* Exrp. ex Nekrol. S. Florian. (S. XII seq.) ap. Stülz, Gesch. d. reg. Chorh. Stift. St. Florian,

84

Ausser diesen Notizen halfen auch die die Eintragung vermit-
telnden Anzeigen die Kenntniss der Geschehenisse vermehren, denn
der Rotulus bringt nicht selten ausser der Todesnachricht auch einen
kurzen Abriss der Lebensumstände der Hingeschiedenen, zählt bei
Schriftstellern ihre Werke auf [129]), so dass man durch diese Rotuli

p. 195, cnf. p. 146. Nekrolog. d. Domst. in Bamberg (c. S. XII ext.) Bericht.
d. hist. Verein z. Bamb. 7, 102. Nekrol. Flaviniacens. (c. S. XII m) ap. P.
M. Germ. 10, 285, l. 41, l. 47, p. 286, l. 2 etc. Nekrolog. Zwifaltens.
(S. XII und XIII) ap. Hess. Mon. Gvelf. 238. Nekrolog (c. S. XII) der Me-
tropolitankirche zu Mainz. Schannat Vindem. 1, p. 1 seq. X. Kal. (Febr.)
Alheidis dictae Giselherln quae dedit nobis vitulum. Nekrl. d. Kl. Lorsch.
Schannat Vindem. 1, p. 27. Marquardus canonicus patav. obiit qui contulit
nobis dimidiam marcam xuri. Frag. Nekrol. Melicens. (S. XIII) ap. Keiblinger
Gescht. d. Benedikt. Stift. Melk. 1, 1162. Excrpt. Nekrl. Seonense (S. XIII seq.)
Mon. Boic. 2, 158 seq. Fridericus l. de Staubing, qui dedit vaccam et thau-
rum pulchrum. Nekrol. Weltenburg. (S. XIII seq.) Mon. Boic. 13, 479.
Nekrol. Augustanum (S. XIV seq.). Mon. Boic. V. 35, P. 1, p. 1 seq. Manche
Klöster führten zur Einmerkung der erhaltenen Geschenke behufs der Anniversarien ein „liber oblaiorum."
[129]) Die Todesanzeige über den Hintritt des h. Benedict v. Aniane wurde von dessen Biograph in die Legende des Heiligen aufgenommen. Mabill. A. S. Saec. 4,
P. 1, 215. Intra spatium trium pene mensium ex utraque coenobia novem
nostrorum fratrum clauderent diem extremum — Vitalis conversus, nihil sciens
praeter Christum Jesum et patrem nostrum qui est in caelis — Vdalgarius
toto, ut in fine clariut, corde conversus etc. Trauerrundsch. d. Mönche v.
Ripoull in Coxane (1020) Marca Hispan. 1, cl. 1025. Das Trauerrundschreiben
über den Hintritt d. h. Bruno († 1101) gibt Bericht über dessen letzte Stunde.
Ut autem sciatis, quanta fiducia, quam certa spe liberationis eius preces fun-
datis, transitum illius — brevi titulo innotescimus. A. S. S. Oct. T. 3, 736 e.
Der Rotulus enthält nebst Todesanzeige einen kurzen Lebens-Abriss des Verstorbenen, konnte also dem Legendenschreiber als Hilfsquelle dienen. Haec
pauca super vita praetextati bonae memoriae viri ad aedificationem
vestram huic Rotulo scribendo commendamus. Trauerrundschreiben über H.
Abt Andreas v. Casale-Benedicti († 1112). D'Achery Spicil. 2, 519. Extant
namque apud nos quaedam eius opuscula quae digna habentur memoria,
scilicet de canone evangeliorum et de canone missae libelli duo etc. Trauerrundschr. üb. H. d. Abt Odon v. Anchin († 1113). Marten. Thes. 5, 858. Im
Leben des h. Giraldus von Salis finden wir einen Theil des Trauerrundschr.
über seinen Hintritt († 1120) aufgenommen. Vit. B. Geraldi. Marten. Ampl.
Coll. 6, cl. 997 c. Trauerrundschr. ü. H. Marbodes Bischof v. Rennes († 1123).
Martem Thes. 1, cl. 356 c. Qualiter sic pater noster vixerit, egerit, obi-
eritque sic explicabimus. Trauerrundschreiben über Hintritt (1142) Oduin's
Abt v. S. Guillain. Gall. Christ. nov. 3, app. el. 17 und gleichfalls im Rotulus

schätzbares Material für Lebens- und Literaturgeschichte gewann. Die Boten ferner, die mit dem Rotulus auszogen, kamen auf ihrer Rundfahrt mit Hunderten von geistlichen Körperschaften in Berührung [130]). Mit reichem Schatze zahlreicher Erfahrnisse mannigfachster Art kehrten sie in die Heimat zurück, und wurden durch ihre Erzählungen dem Chronisten des Klosters zur lebendigen ergiebigen Geschichtsquelle. So danken wir dem Gebete für Todte nicht blos die Kenntniss der Sterbe- und vieler Schlachttage, sondern auch Namen die sonst durch ungünstige Einflüsse aus der Erinnerung verdrängt worden wären, fanden im Nekrolog ein Asyl. Freund und Feind, Herrn und Knecht vereint Eine Colonne, zuweilen Eine Zeile des Todtenbuches, und Vorgänge, von denen alle andern Kunden schweigen bewahren treu und sicher einzig die Blätter des Nekrologium.

---

des Bischofs Calo († 1157) v. Poitiers. Gall. Christ. nov. 2, cl. 1179. Et cum tempus quadragesimae, in — multa abstinentia, multisque quotidianis virgarum verberibus etc. — T. ü. H. d. Mönches Herveus v. Bourgdieu († 1150). Mabil. Annal. Θ. S. B. 6, 720, cl. 1. Fecit itaque ergo primum expositionem mirabilem super librum B. Dionysii de hierarchiis angelorum etc. ibd. 719, cl. 3. In qua nimirum quantum profecerit, opera manuum ejus in Apostolum et Prophetam, et alia eius opuscula contestantur. T. ü. H. Gilberts Bischof v. Poitiers († 1154). Besly Evesq. d. Poict. p. 105. Trauerrdsch. ü. H. Yvo's Abt v. S. Denis († 1172) Marten. Thes. 1, 571 c seq.

[130]) Der Bote der das Trauerrundschreiben über den Hintritt des h. Bruno († 1101) zu fördern hatte, brachte es in mehr als 150 Klöster in Italien, Frankreich, Belgien und England. A. S. S. Oct. T. 3. 736 seq. So viele Tituli ein Rotulus enthält, so viele Klöster mussten die Boten besucht haben, s. Anmerk. 107.

Seite 14 Z. 3 v. ob. lese *aweriten* statt arwiten.